Prof. Dr. Wolfgang Schwenke

Der unbekannte Wald

Prof. Dr.
Wolfgang Schwenke

Der unbekannte Wald

Streifzug
durch ein Ökosystem

 **Landbuch**

Fotos: Alle Fotos vom Verfasser
Zeichnungen: K. Wilhelm, München Nr. 21, 31 B, 35, 47, 51,
65, 68, 77, 82
alle übrigen vom Verfasser

Landbuch-Verlag GmbH, Hannover, 1987

Lektorat: Dr. Helge Mücke, Ostercappeln-Vorwalde
Farblithos: ReproDukt GmbH, Langenhagen
Satz, Druck und buchbinderische Verarbeitung:
Landbuch-Verlag GmbH, Hannover

ISBN 3 7842 0367 1

Inhalt

Vorwort

„Über allen Gipfeln ist Ruh'.
In allen Wipfeln spürest du
kaum einen Hauch.
Die Vögelein schweigen im Walde.
Warte nur, balde
ruhest du auch!"

Als Johann Wolfgang von GOETHE dieses berühmte
Gedicht an die Wand der kleinen Berghütte auf dem
Kickelhahn bei Ilmenau schrieb, blickte er auf den
schweigend zu seinen Füßen liegenden Thüringer Wald.
Sein Eindruck vom friedlich ruhenden Wald entspricht
einem auch heute noch allgemein gültigen Bild. In
immer neuen Liedern, Gedichten und Geschichten werden die „Waldesruh" und der „Waldfrieden" gepriesen,
und heute mehr denn je sucht und findet der vom Alltag
gestreßte Mensch im Wald Frieden und Erholung.
Jedoch spiegelt dieses Bild nur die eine Seite des Waldes
wider, gewissermaßen seine Außenseite. Wer den Wald
nicht nur genießen, sondern auch dessen Wesen begrei-
fen will, dem eröffnet sich ein ganz anderes, weithin
unbekanntes Bild. Es zeigt den Wald als ein von Leben
und Kampf durchpulstes, zu keiner Tages- oder Jahreszeit in Ruhe befindliches Natursystem, dessen höchst
sinnvolle Konstruktion Erstaunen und Bewunderung
erregt.

Man nennt solche Natursysteme wie die Wälder, aber auch die Wiesen, Moore, Teiche und anderen Mosaiksteine der Landschaft „Ökosysteme". Unser Buch möchte den Leser zu einem Streifzug durch das Wald-Ökosystem einladen. An Hand ausgewählter Beispiele will es versuchen, den Aufbau und die Funktionen dieses Systems sowie seine Beziehungen zum Menschen sichtbar zu machen.

Brechen wir also auf zu einem Streifzug durch den unbekannten Wald!

Das grüne Drittel

Allgemeines zum Wald und zum Ökosystem

Fast ein Drittel unserer Landesfläche ist mit Wald bedeckt. Viele andere Länder mit weitaus geringerem Waldanteil beneiden uns um dieses „grüne Drittel", denn in den letzten Jahrzehnten wurde immer deutlicher, wie wichtig der Wald für den Menschen ist. Einst war ganz Europa nahezu völlig bewaldet. Aber die Menschen benötigten mit zunehmender Zahl immer größere waldfreie Flächen für Ackerbau, Viehzucht, Siedlungen und Verkehr und gewannen sie durch Waldrodung. Erst spät, in manchen Ländern zu spät, erkannten sie, daß die Verringerung der Waldfläche mit schweren Nachteilen für sie selbst verbunden war.

Der Wald ist für den Menschen und für alle anderen Organismen lebensnotwendig, weil er die Luft filtert, also weitgehend von Schadstoffen befreit und sie zugleich mit Sauersoff anreichert („grüne Lungen") –

weil er wie ein Schwamm die Niederschläge aufsaugt und sie großenteils in trockenen Perioden wieder an die Umgebung abgibt – weil er bei Kälte wärmer und bei Hitze kühler ist als seine Umgebung und damit die Temperaturschwankungen mildert – weil er den Wind bremst und dadurch das Ackerland vor Austrocknung und Verwehung bewahrt – weil er die Heimstätte vieler Tiere, darunter zahlreicher Schädlingsvertilger ist, die ihre Tätigkeit auch auf die benachbarten landwirtschaftlichen Flächen ausdehnen – und weil er dem Menschen nicht nur Holz als Werk- und Heizstoff liefert, sondern ihm auch Freude und Erholung schenkt.

Genauer betrachtet, stellt sich uns „der Wald" natürlich nicht einheitlich dar, sondern als ein Mosaik von jüngeren und älteren Beständen verschiedener Baum- und anderer Pflanzenarten, die man in zahlreiche Waldtypen gliedern kann. Uns kommt es hier aber im wesentlichen auf die ihnen allen gemeinsamen Grundzüge an, die wir zum „Wald-Ökosystem" zusammenfassen.

Das Wort Ökosystem wurde nach dem griechischen oikos = Haushalt gebildet. Man hatte erkannt, daß in einem Natursystem wie dem Wald im Prinzip wie beim menschlichen Haushalt Einnahmen und Ausgaben oder, anders ausgedrückt, Erzeugung und Verbrauch einander die Waage halten müssen, wenn es langjährig existieren will. Man fand, daß im Naturhaushalt die grünen Pflanzen die E r z e u g e r (P r o d u z e n t e n) sind, von deren Produkten, den organischen Stoffen, alle anderen Lebewesen zehren, wobei diese zwei große Gruppen bilden: die V e r b r a u c h e r (K o n s u m e n - t e n) als die Verzehrer von lebender organischer Substanz sowie die Z e r s e t z e r (R e d u z e n t e n) als die Verzehrer von abgestorbener organischer Substanz. Von diesen beiden pflanzenabhängigen Organismengruppen sind die Konsumenten (das sind parasitische Pflanzen, pflanzenfressende Tiere und tierfressende Tiere) für das Ökosystem im Prinzip entbehrlich, nicht jedoch die Zersetzer. Diese kleinen und kleinsten Lebewesen bauen, überwiegend im Boden, die toten organischen Stoffe zu einfachsten chemischen Verbindungen ab, die den grünen Pflanzen als Nährstoffe wieder zur Verfügung stehen. Sie stellen damit im Ökosystem einen Stoffkreislauf (Kap. 24) her, der als vollendetes recycling (Wiederaufbereitung und Verwendung von Abfällen) dem Menschen mit seiner industriellen Produktion als Vorbild dienen kann.

Denn der Mensch ist, ökologisch betrachtet, ein Zwitterding. Einerseits gehört er als Konsument von Pflanzen und Tieren mit zum Gesamtnaturhaushalt, zu dem sich alle Ökosysteme zusammenschließen und unterliegt dessen Gesetzen, die er allerdings nur zu oft mißachtet. Andererseits steht er als eigener, industrieller, Produzent außerhalb der Natur und belastet diese mit seinen Industrieabfällen. Nur wenn es ihm gelingt, mittels recycling-Verfahren diese Abfälle abzubauen und damit im Einklang mit der Natur zu leben, wird er seine Zukunft auf dem Erdball sichern können.

Wir wollen die soeben skizzierte Dreiteilung der Organismen in einem Ökosystem diesem Buch zugrundelegen, weil dadurch unser Streifzug durch das komplexe Waldgeschehen wesentlich erleichtert wird und beginnen mit den Erzeugern.

I. Die Erzeuger (Produzenten)

1. Die Wunderformel

Pflanzenernährung und Produktion

Abgesehen von einer Sondergruppe von Bakterien (Kap. 22), sind allein die grünen Pflanzen imstande, unabhängig von anderen Lebewesen aus anorganischen (nicht kohlenstoffhaltigen) Stoffen ihren Körper aufzubauen und damit organische (kohlenstoffhaltige, energiereiche) Substanz zu erzeugen.

Das eigentliche Geheimnis dieser pflanzlichen Produktion liegt in der grünen Farbe der Pflanzen. Sie ist in Form kleiner Körner vor allem in den Blättern verteilt und wird daher Blattgrün (Chlorophyll) genannt. Ihr kommt die wunderbare Fähigkeit zu, aus einem Teil der Luft, dem Kohlendioxid, sowie aus Wasser unter Mithilfe der Sonnenenergie (des Sonnenlichtes) Zucker aufzubauen. Dabei wird Sauerstoff frei. Die Wunderformel der Pflanzenproduktion lautet also:

Kohlendioxid + Wasser + Sonnenenergie
= Zucker + Sauerstoff.

Die Sonnenstrahlung, das Licht, ist bei diesem Vorgang als Energiequelle notwendig. Im Dunkeln kann eine grüne Pflanze nicht existieren. Daher nennt man den Produktionsvorgang auch „Photosynthese", das heißt „Aufbau mit Hilfe des Lichtes".

Was für ein großartiger Vorgang die Photosynthese ist, wird vielleicht aus folgender Berechnung deutlich: Eine 100jährige Buche hat rund 800 000 Blätter mit einer Gesamtoberfläche von 1 600 Quadratmetern. Im Vorgang der Photosynthese verarbeitet dieser Baum pro Stunde (!) 2 350 g Kohlendioxid, was einem Luftinhalt von 10 Einfamilienhäusern entspricht, sowie 950 g Wasser unter Verbrauch von 6 000 Kalorien Sonnenlicht zu 1 600 g Traubenzucker und setzt dabei 1 700 g Sauerstoff frei. Um sein Holzgerüst von etwa 50 Zentnern (Trockengewicht) aufzubauen, entzog dieser Baum den Kohlenstoff aus 12,5 Millionen Kubikmetern Luft, da 1 Kubikmeter nur 0,3 g Kohlenstoff enthält.

Sehr wichtig ist bei diesem Vorgang auch die Freisetzung von Sauerstoff. Unsere Beispiel-Buche erzeugt 1 700 g dieses lebenswichtigen Stoffes in einer Stunde. Man hat berechnet, daß ein mitteleuropäischer Laubwald pro Jahr etwa 16 Tonnen (16 000 kg) Sauerstoff pro Hektar (100 × 100 m Fläche) erzeugt. Landwirtschaftliche Kulturen bringen es dagegen nur auf 3 bis 10 Tonnen.

Sauerstoff ist für das Leben auf der Erde in mehrfacher Hinsicht unentbehrlich. Zum einen dient er der Atmung von Menschen, Tieren und den meisten Bakterien sowie auch der Pflanzen, die einen Teil des von ihnen erzeugten Sauerstoffes gleich wieder veratmen. Zum zweiten ist Sauerstoff notwendig bei der Verwitterung der Gesteine, aus der wichtige Pflanzennährstoffe hervorgehen. Und drittens entweicht ein beträchtlicher Teil in die Atmosphäre, wo Sauerstoff in 20 bis 50 km Höhe ständig die Ozonhülle ergänzt. Diese Hülle schirmt weitgehend die lebensfeindliche Ultraviolett-(UV-)-Strahlung der Sonne ab und ermöglicht damit erst das Leben auf unserem Planeten.

Mit der Photosynthese, also der Zucker-Synthese aus der Luft, gewinnen die Pflanzen in erster Linie den Kohlenstoff als das für sie und alle von ihnen abhängigen Lebewesen wichtigste Aufbau-Element. Zwei Drittel der gesamten organischen Masse eines Waldes bestehen aus Kohlenstoff. Alle anderen lebensnotwendigen Elemente werden von den Pflanzenwurzeln dem Boden entnommen, wo sie in Form von Stickstoff-, Schwefel-, Phosphor-, Kalium- und anderen Salzen im Bodenwasser gelöst sind. Unter ihnen ist der Stickstoff für die Bildung des pflanzlichen Eiweißes besonders wichtig. Erstaunlicherweise kann die Pflanze zwar den Kohlenstoff aus der Luft gewinnen, obgleich er dort nur in Spuren enthalten ist, nicht dagegen den Stickstoff, der 78 % der Luft ausmacht. Im Boden jedoch ist Stickstoff sehr häufig Mangelware. Kommt zu wenig von ihm vor, können die Pflanzen entweder gar nicht gedeihen oder bringen es nur zu einem Zwergenwuchs. So sind alte Kiefern auf stickstoffarmen Sandböden manchmal nur 5 Meter hoch, während sie auf stickstoffreichen Böden 30 Meter erreichen.

Bei der Ernährung der Bäume sowie der anderen Pflanzen bilden die Wurzeln die Aufnahmeorgane für das nährstoffhaltige Bodenwasser und die Blätter die Saugpumpen, die durch fortwährende Wasserverdunstung den Wasserstrom von den Wurzeln zu den Blättern aufrechterhalten. Beide Organe, Wurzeln und Blätter, besitzen sehr große Oberflächen. So kann die Blattoberfläche das 20fache der Bodenfläche unter der Baumkrone betragen, und die Feinwurzeln eines Baumes haben eine Gesamtlänge von mehreren Kilometern.

Was die Produktion im Jahresverlauf betrifft, haben unsere Wälder zwei verschiedene Wege beschritten: laubabwerfende Wälder mit Produktionsruhe im Winter – sowie immergrüne Nadelwälder mit durchgehender Produktion (oberhalb von etwa $-4\ °C$). Jedoch führen beide Wege zu gleicher Produktionsleistung, dadurch nämlich, daß die Nadelbäume zwar eine längere Produktionszeit als die Laubwälder, dafür aber eine geringere Produktionskraft (-intensität) besitzen.

Die Gesamtproduktion des Waldes, bestehend aus den lebenden und toten Körpern sowohl der grünen Pflanzen (Primärproduktion) als auch der Verbraucher und Zersetzer (Sekundärproduktion), läßt sich gewichtsmäßig bestimmen. Dabei muß man das Trockengewicht zugrundelegen, da das Frischgewicht witterungsabhängig ist und sich ständig verändert. Entsprechende Berechnungen ergaben, daß ein mitteleuropäischer Mischwald aus Laub- und Nadelbäumen im Durchschnitt ein Trockengewicht von 500 Tonnen, also 500 000 kg, pro Hektar hat. Hiervon entfällt rund die Hälfte auf die lebende und die andere Hälfte auf die abgestorbene organische Substanz (Kap. 20 und Abb. 78). Diese gewaltige Produktionsleistung wird für uns vollends rätselhaft, wenn wir bedenken, daß der weitaus größte Teil davon aus der Luft stammt!

2. Flechten, Stein- und Birkenpilze

Produktionshilfe durch Symbiose

Was den grünen Pflanzen nicht gelingt: den Stickstoff aus der Luft zu gewinnen, das bringen manche Bodenbakterien fertig, die der Bodenluft den Stickstoff entziehen. Die Schmetterlingsblüter (Wicken, Klee, Ginster u. a.) und die Erlen haben sich das zunutzegemacht und sind mit solchen stickstoffsammelnden Bakterien eine Verbindung zu gegenseitigem Nutzen (Symbiose) eingegangen. Sie stellen den Bakterien ihre Wurzeln als Behausung zur Verfügung, an denen diese kleine Knöllchen verursachen (Abb. 1), und versorgen sie mit Kohlenstoffverbindungen. Als Gegenleistung liefern die

Abb. 1 Erlenwurzel mit Knöllchenbakterien nach ROSS

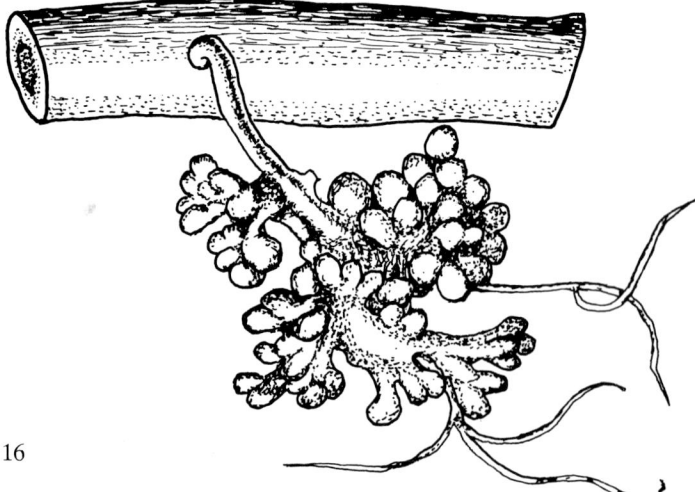

„Knöllchenbakterien" ihren Wirtspflanzen Stickstoff und Mineralsalze.

Nicht selten kann man in Kiefernwäldern auf nährstoffarmen Sandböden, wo kaum Gräser wachsen, überraschend üppige Teppiche blühender Lupinen sehen. Sie wurden vom Förster gesät und können auf diesem armen Boden dank ihrer Partnerschaft mit Knöllchenbakterien gedeihen. Zwar haben die Kiefern davon keinen sofortigen Gewinn, doch setzen die einjährigen Lupinen im Herbst, wenn sie absterben, ihre organischen Stoffe, darunter den Stickstoff, frei, die dann den Kiefernwurzeln zur Verfügung stehen. Der Förster hat hier also eine Bio-Düngung des armen Bodens mit Hilfe von Lupinen durchgeführt.

Weit häufiger als mit Stickstoff-Bakterien leben Waldpflanzen aber mit Pilzen in Ernährungs-Partnerschaft. Diese Wurzel-Pilz-Symbiosen werden als „Mykorrhiza" bezeichnet. Man findet sie bei allen Bäumen und den meisten anderen Waldpflanzen.

Pilze sind ja im Wald, wie wir noch sehen werden, beinahe allgegenwärtig. Der ganze Waldboden wird von ihren feinen Fadengeflechten (Myzelien) durchwebt. Da sie ohne Blattgrün sind, ernähren sie sich, soweit sie im Boden leben, von abgestorbenen organischen Stoffen.

Um ihre Ernährung aufzubessern, zapfen viele von ihnen die Pflanzenwurzeln an und entziehen ihnen Kohlenstoffverbindungen. Trotzdem sind sie keine Parasiten, also einseitige Nutznießer, denn sie liefern als Gegenleistung den Pflanzen Wasser und Nährstoffe, die sie mit ihrem dichten Myzelgeflecht dem Boden leichter entziehen können als die Pflanzenwurzeln. Außerdem wirkt ihr Fadengeflecht, das die Feinwurzeln ihrer Partnerpflanzen umspinnt, wie ein Schutzmantel.

Die Fruchtkörper der Mykorrhiza-Pilze liegen entweder versteckt im Boden oder erheben sich in Form der bekannten Hutpilze über die Bodenoberfläche. So ist zum Beispiel der Steinpilz ein Mykorrhiza-Partner der Buche (Abb. 2), während die Rotkappe und der Birkenpilz mit Birken in Symbiose leben. Man sollte an diese Partnerschaft zwischen Bäumen und Hutpilzen denken und beim Sammeln die Pilze nicht aus dem Boden reißen, sondern sie abschneiden, um ihr empfindliches Fadengeflecht im Waldboden, das ja den eigentlichen Pilz bildet, zu erhalten.

Und noch eine dritte Produktions-Symbiose sei erwähnt: die Flechten. Sie sind Doppel-Lebewesen, die jeweils aus einem nicht produzierenden größeren Part-

Abb. 2 Buche und Steinpilz in Wurzelsymbiose (Mykorrhiza) nach BUTIN

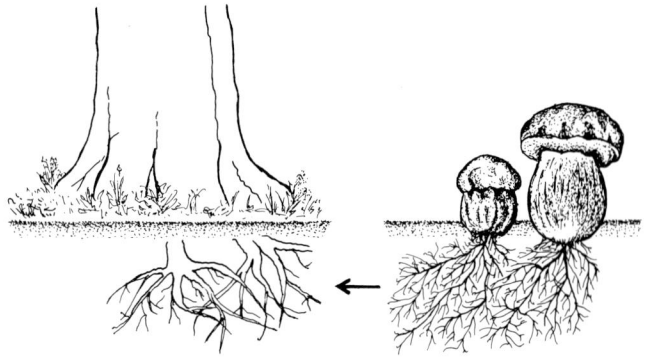

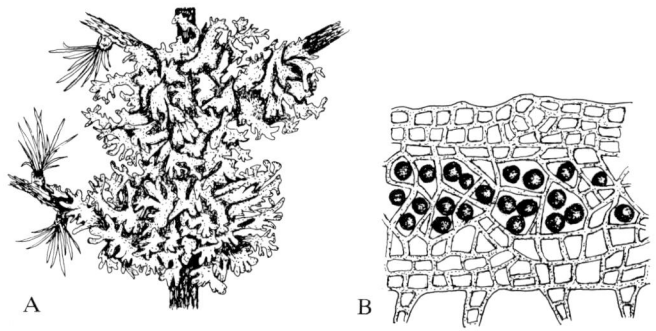

A   B

Abb. 3 A. Rindenflechte *Parmelia physodes* an einem Lärchenzweig <small>(nach BUTIN)</small>; B. Querschnitt durch eine Flechte <small>(nach FISHER)</small>

ner, dem Pilz, und einem produzierenden kleineren Partner, den im Innern des Pilzes lebenden Grünalgen, bestehen (Abb. 3). Die Algen gewinnen wie alle grünen Pflanzen den Kohlenstoff aus der Luft, während der Pilz die übrigen Nährstoffe, die er der Unterlage entnimmt, zur gemeinsamen Ernährung beisteuert.

3. Frühaufsteher

Kampf ums Licht

Das Licht bildet, wie wir bei der Photosynthese sahen, einen grundlegenden Umweltfaktor für die grünen Pflanzen. Es ist daher verständlich, daß jede Waldpflanze versucht, von diesem kostbaren Energiespender so viel wie möglich zu erhalten.

Nach der Wuchshöhe der Pflanzen können wir im Walde 4 Etagen unterscheiden: Moos-, Kraut-, Strauch- und Baumschicht. Die Bäume haben dank ihrer starken Stützen die oberste, lichtreichste Etage inne. Doch ist es einigen anderen Pflanzen gelungen, dieses Stockwerk mit zu benutzen, indem sie sich entweder an den Bäumen emporwinden, wie Geißblatt, Waldrebe und Efeu, oder gar auf den Bäumen ansiedeln, wie Algen, Flechten und Misteln.

Die tiefer wachsenden Waldpflanzen müssen sich mit den Lichtmengen begnügen, welche die Baumkronen hindurchlassen und haben sich in verschiedener Weise daran angepaßt. In manchen Buchenwäldern gelangt nur noch $\frac{1}{90}$ der oben vorhandenen Lichtmenge zum Boden. Bei so geringem Licht kann nicht einmal mehr der Sauerklee existieren, der dank seiner zarten, chlorophyllreichen Blätter noch mit $\frac{1}{70}$ der vollen Lichtstärke auskommt. Und doch gibt es Blütenpflanzen, die selbst im dunkelsten Buchenwald wachsen. Es sind die Frühaufsteher, also Frühlingsblüher wie Anemone (Abb. 4), Leberblume und Scharbockskraut. Sie entnehmen im Vorfrühling ihren unterirdischen Reserveknollen die Nährstoffe, die ihnen einen raschen Körperaufbau ermöglichen, und gelangen dadurch bereits zur Blüten- und Samenbildung, noch ehe die Bäume und Sträucher sich belauben.

Andere Anpassungen an geringe Lichtmengen wurden über den Bau und die Stellung der Blätter erreicht. Fast alle Waldpflanzen haben je nach Lichtverhältnissen unterschiedliche Blätter. Die kleineren und helleren (weil mit weniger Blattgrün ausgestatteten) Lichtblätter

Abb. 4 Frühlingsblüher im noch unbelaubten Wald. Gelb: *Anemone ranunculoides*, weiß: *Anemone nemorosa*.

lassen mehr Licht hindurch als die größeren und dunkleren (weil blattgrünreicheren) Schattenblätter. Auch besitzen die Lichtblätter eine dickere Oberfläche, um Hitze und UV-Strahlen besser abwehren zu können. Mit der Stellung der Blätter zum Lichteinfall läßt sich ebenfalls viel erreichen. Meist sind die oberen Blätter etwas schräggestellt, die unteren dagegen waagerecht ausgebreitet. Besonders gut ist das bei Ahornbäumen und Haselnußsträuchern zu sehen.

Von weiteren Beziehungen der Waldpflanzen zum Licht seien hier nur noch die unterschiedlichen Lichtansprüche der keimenden und jungen Bäume erwähnt. Birke,

21

Erle, Eiche, Kiefer und Lärche sind Lichtbäume, die bei hellem Licht, vor allem auf Kahlflächen, allen anderen Baumarten davonwachsen. Ahorn, Fichte, Esche und Ulme gehören zu den Baumarten, die Halbschatten lieben, während Buche, Linde und Tanne typische Schattenbäume sind, die nur im Schutz sie beschattender älterer Bäume heranwachsen.

4. Im kühlen Waldesgrunde

Klima, Boden und Wald

Für die Pflanzen sind die Eigenschaften des Bodens, in dem sie wurzeln und aus dem sie Wasser und Nährstoffe gewinnen, besonders wichtig. Unter „Boden" versteht man die aus dem festen Gestein (Muttergestein) durch die vereinte Tätigkeit der Verwitterung und der Bodenorganismen hervorgegangene aufgelockerte Erdrinde.

Der für unsere Breiten ursprüngliche Boden ist der „Braunerde-Waldboden", dessen Struktur auch die meisten Wiesen- und Ackerböden heute noch zeigen. Er besteht aus zwei unscharf getrennten Schichten (Abb. 78): dem bis zu etwa 50 cm mächtigen lockeren, schwarzbraunen Oberboden (A-Horizont) und dem darauf folgenden, bis zu mehreren Metern tiefen, zunehmend heller und dichter werdenden Unterboden (B-Horizont). Die dunkle Farbe des Oberbodens rührt von den sich zersetzenden organischen Bestandteilen her (Humus, Kap. 20). Diese werden im Unterboden immer kleiner und spärlicher, bis sie schließlich ganz verschwinden. Im humusreichen Oberboden können unter dem Einfluß von Wärme, Feuchtigkeit und Belüftung die Bodenorganismen und Pflanzenwurzeln ein besonders reiches Leben entfalten.

Diese typische Bodenstruktur hat nun in vielen unserer Wälder unter der Einwirkung von unterschiedlichen Muttergesteinen, Niederschlägen, Temperaturen und Waldpflanzen mannigfache Abwandlungen erfahren. Am häufigsten ist der „Bleicherde-Boden", so genannt, weil er unter der Humusdecke eine bleiche Farbe hat, die durch Auswaschung der Nährstoffe in tiefere Schichten entstand.

Die Auswaschung wiederum konnte stattfinden, weil die hier wachsenden Nadelbäume durch ihre dichte Nadelstreuauflage die Bodendurchlüftung und damit die Humuszersetzung hemmen. Der unter diesen Bedingungen entstandene Humus wird als „saurer" oder „Roh"-Humus bezeichnet. Infolge der Auswaschung ist der Boden natürlich nährstoffarm.

Gleichgültig aber, um welche Bodeneigenschaften es sich handelt: es gibt immer Pflanzenarten, die sich daran angepaßt haben. Man kann daher viele von ihnen als „Weiserpflanzen" (Bodenanzeiger) verwenden, also von ihrem Vorkommen auf bestimmte Bodeneigenschaften schließen.

So zeigen Besenginster und Heidekraut Sandboden an
– Wurmfarne und Binsen lehmig-tonigen Boden
– Kreuzdorn und Anemone Kalkboden
– Heidel- und Preiselbeere sauren Humus
– Perlgras und Bingelkraut milden Humus
– sowie Brennessel und Fingergras Stickstoffreichtum.

Betrachten wir die Boden- und Klimabedürfnisse unserer Baumarten, so stellt sich die Birke als die anspruchsloseste Art dar, die mit trockenem und nährstoffarmem Boden vorliebnimmt und an Frosthärte alle anderen Bäume übertrifft. Deshalb konnte sie auch am Ende der Eiszeit als erster Baum in unser Gebiet zurückkehren, wie die in Hochmooren über Tausende von Jahren erhalten gebliebenen Pollenablagerungen beweisen. Das andere Extrem bildet die viel Wärme und Nährstoffe verlangende Edelkastanie, die bei uns auf den warmen Südwesten beschränkt ist. Relativ wärmeliebend ist auch die Buche, die in größerem Umfang nur westlich der als „Wärmescheide" bekannten Linie Bremen—München verbreitet ist. Sie geht in den norddeutschen Mittelgebirgen nur bis 600 m, in den süddeutschen dagegen bis 1 200 m hinauf.

Abb. 5 Übergang von Kiefernwald (Sandboden, Ebene) in Fichtenwald (Sand-Lehmboden, Hügelland) (nach WILDE)

Auf welche Weise unterschiedliche Ansprüche zweier Baumarten beim Wechsel von Bodeneigenschaften das Waldbild verändern können, zeigt die Abb. 5. Die Kiefer als Baum der Ebene sowie der nährstoffarmen und trockenen Böden wird von der Fichte verdrängt, sobald der Boden ansteigt, nährstoffreicher und feuchter wird. Die Abbildung zeigt zugleich, wie die beiden Baumarten in einer Übergangszone miteinander „kämpfen".

Der dritte neben Kiefer und Fichte weitverbreitete immergrüne Nadelbaum (eine weitere Nadelbaumart, die Lärche, wirft als einzige zum Winter die Nadeln ab), ist die Tanne. Sie wird oft mit der Fichte verwechselt (die weihnachtlichen Tannenbäume sind in der Regel Fichten), doch hat sie im Gegensatz zu der rauhen, roten Rinde und den hängenden Zapfen der Fichte glatte, weißgraue Rinde und aufrechte Zapfen. Wie die Fichte ist auch die Tanne ein Baum des Berglandes (Schwerpunkt bei uns: der Schwarzwald), stellt aber an Bodengüte, Wärme, Luftfeuchtigkeit und Jungbaum-Beschattung noch höhere Ansprüche als diese. Sie ist daher in den vergangenen Jahrzehnten zunehmend zurückgedrängt worden.

Um sich gegenseitig möglichst wenig Konkurrenz zu machen, haben die einzelnen Waldbaumarten verschiedene Bewurzelungsformen entwickelt. Man unterscheidet Tiefwurzler (wie Kiefer, Tanne, Eiche, Ulme, Lärche), Flachwurzler (wie Fichte, Erle, Weide und Pappel) sowie die eine Mittelstellung einnehmenden Herzwurzler, zu denen die meisten Baumarten gehören (Abb. 6). Bei Stürmen sind natürlich die Tiefwurzler im Vorteil. Man sieht selten eine vom Sturm geworfene

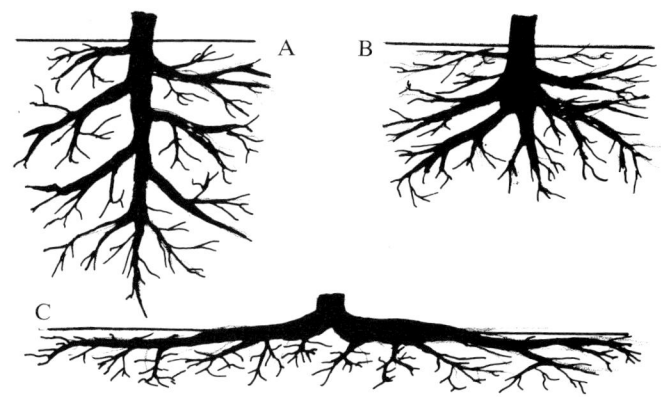

Abb. 6 Bewurzelungstypen bei Bäumen: A. Tief-, B. Herz-, C. Flachwurzler

Kiefer, aber häufig Fichten, deren flache Wurzelteller aus dem Boden ragen.

Die Klima- und Standortsbindungen der einzelnen Pflanzenarten führten dazu, daß sich auf unserem Erdball unter den verschiedenartigen Bedingungen die heute existierenden Ökosysteme bildeten. Unter den mitteleuropäischen Verhältnissen ist, abgesehen von relativ wenigen andersartigen Standorten, ein eichen- und buchenreicher Laubmischwald das natürliche Ökosystem. Von ihm wurde der größte Teil gerodet und in künstliche Ökosysteme wie Wiesen und Felder umgewandelt. Überläßt man aber eine solche landwirtschaftliche Kulturfläche sich selbst, entwickelt sie sich in wenigen Jahrzehnten wieder zu einem Laubmischwald. Man nennt diese schrittweise (sukzessiv) vor sich gehende natürliche Ökosystem-Entwicklung „Sukzession" und ihren Endzustand „Klimax".

Nach alledem sind also Klima, Boden und Wald aufs engste miteinander verbunden, wobei der Wald nicht nur der nehmende, sondern immer auch der gebende Teil ist, da er wesentlich die Standortklima- und Bodenverhältnisse mit verändert. Sobald er einmal seinem Jugendstadium (der Dickung) entwachsen ist, bildet er sein eigenes Waldklima aus, das vom Menschen stets als wohltuend empfunden wird.

5. Es stand im keltischen Kalender

Vermehrung und Verbreitung der Waldpflanzen

Am einfachsten geht die Vermehrung (Fortpflanzung) bei den winzigen einzelligen Grünalgen vor sich, die man oft als grüne Überzüge an Baumrinden sieht: Die Zelle schnürt sich durch, und die zwei Hälften wachsen wieder zur ursprünglichen Größe heran. Es ist also ein rein ungeschlechtlicher Vorgang (der nicht von einem männlichen und einem weiblichen Teil abhängt). Die Verbreitung der Grünalgen erfolgt als Trockenzellen mit dem Wind. Demgegenüber ist die Fortpflanzung der vielzelligen Pflanzen stets mit geschlechtlichen Vorgängen verbunden, wobei man zwei Fortpflanzungstypen unterscheiden kann: die Sporen- und die Blütenpflanzen.

Die Sporenpflanzen – dazu zählen die Schachtelhalme, Moose und Farne – machen es kompliziert: Sie schnüren auf ungeschlechtlichem Wege Verbreitungszellen ab, die Sporen, die – vom Wind mitgenommen – an geeigneten Stellen auskeimen. Aus dem Keim entsteht zunächst eine „Vorpflanze", welche Geschlechtszellen bildet, von denen je eine weibliche und männliche Zelle sich vereinigen und zum Ausgangspunkt der „Endpflanze" werden, die dann wiederum Sporen ausbildet. Die Fortpflanzung der Sporenpflanzen ist also durch einen regelmäßigen Wechsel zwischen einer ungeschlechtlichen und einer geschlechtlichen Generation gekennzeichnet („Generationswechsel").

Bei den Blüten- oder Samenpflanzen hingegen ist die ungeschlechtliche Fortpflanzung, soweit sie in manchen Fällen vorkommt (s. u.), Nebensache. Ihre allgemeine Fortpflanzungsform ist die geschlechtliche, und zwar mit Ausnahme weniger Fälle von Eingeschlechtlichkeit (s. u.) die zweigeschlechtliche: Die männliche Geschlechtszelle, ein Pollenkorn (entstanden im männlichen Geschlechtsorgan, den Staubgefäßen) dringt über einen Pollenschlauch zur weiblichen Geschlechtszelle vor, dem Ei (entstanden im weiblichen Geschlechtsorgan, dem Stempel), und befruchtet sie, woraus der Same entsteht.

Sitz des weiblichen und des männlichen Geschlechtsorgans ist die Blüte, die bei den meisten Pflanzenarten beide Organe in sich vereinigt, also zwittrig ist. Seltener enthalten Blüten entweder nur weibliche oder nur männliche Organe und heißen dann entsprechend Stempel- bzw. Staubblüten. Bei solcher Geschlechtertren-

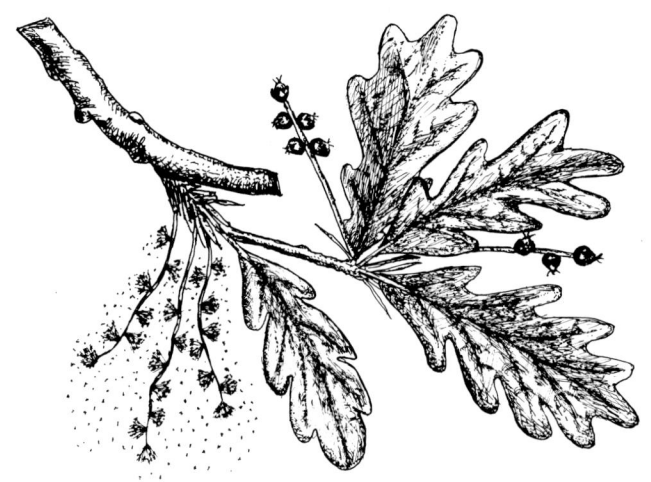

Abb. 7 Eichenzweig als Beispiel eines einhäusigen Baumes. Links: Staubblüten, rechts: Stempelblüten (nach SCHMEIL)

nung können die beiden Blütenformen entweder zusammen an einer Pflanze auftreten (einhäusige Pflanzen wie Nadelbäume oder Eichen, Abb. 7), oder sie können auf verschiedene Pflanzen verteilt sein (zweihäusige Pflanzen wie Weiden, Esche oder Bingelkraut). Es gibt also z. B. bei den Weiden weibliche und männliche Bäume. Neben dieser normalen Zweigeschlechtigkeit, deren Wesen die Befruchtung der Eizelle durch eine Samen-(Pollen-)zelle ist, kommt beim Löwenzahn und anderen Korbblütern als zusätzliche Vermehrungsform die eingeschlechtliche vor. Bei ihr entwickelt sich die Eizelle im Stempel ohne Befruchtung durch ein Pollenkorn zu

29

einem Samen. Wir werden der eingeschlechtlichen (parthenogenetischen) Vermehrungsform noch öfter bei den Insekten begegnen.

Häufiger als die Eingeschlechtlichkeit tritt bei Pflanzen eine andere zusätzliche Vermehrungsweise neben der normalen zweigeschlechtlichen auf: die ungeschlechtliche. Sie ist dadurch gekennzeichnet, daß ein Stück des Pflanzenkörpers sich abschnürt und ein eigenes Leben beginnt. So treten beim Scharbockskraut kleine Brutknollen in den Blattachseln auf, fallen ab und bewurzeln sich. Bei kriechenden Pflanzen wie Erdbeere, Veilchen oder Ehrenpreis sind es Ausläufer, die etappenweise Wurzeln bilden und neue Pflanzen entstehen lassen. Solche Ausläufer können sehr rasch wachsen. Bei einem Ehrenpreis betrug die Länge eines Ausläufers im März 5, im April 60 und im Mai 300 cm. Als weitere Beispiele ungeschlechtlicher (vegetativer) Vermehrung seien die Brutzwiebeln des Lauch und die Wurzelknollen der Hundsrose genannt.

Verbreitungsprobleme haben die Blütenpflanzen in doppelter Hinsicht. Zum einen müssen die Pollenkörner andere Blüten erreichen, um dort die Eizelle zu befruchten – und zum anderen müssen die Samen zu neuen Wuchsplätzen gelangen, um dort zu keimen.

Die Pollenverbreitung wird bei den Nadelbäumen ausschließlich vom Wind, bei den übrigen Blütenpflanzen teils vom Wind, teils von Insekten besorgt. Im Gegensatz zu den Insektenblütern haben die Windblüter, zu denen im Wald neben den meisten Baumarten auch die Gräser gehören, nur unscheinbare Blüten ohne Duft und Nektar. Manchmal werden von Kiefern und Fichten so große Pollenmengen erzeugt, daß die Waldwege und Pfützen mit einer gelben Schicht bedeckt sind. Im Volksmund spricht man dann von „Schwefelregen". Gewöhnlich sind die Windblüten der Bäume und Sträucher lang gestreckte und locker gebaute „Kätzchen". Nur die Weiden machen eine Ausnahme: Sie haben rundliche Kätzchen, die von Insekten, vornehmlich Bienen, bestäubt werden.

Immer von neuem bewundernswert ist die vielfältige Symbiose, die sich zwischen Blütenpflanzen und bestäubenden Insekten entwickelt hat. Mit Formen, Farben, Düften und attraktiver Nahrung (Nektarsaft, Pollen) locken die Blüten ihre Bestäuber an. Beim Blütenbesuch wird das Insekt in der Regel mit Pollenkörnern eingepudert, die in der nächsten Blüte am Stempel wieder abgestreift werden. Viele Blüten bieten ihren Bestäubern zusätzliche Bequemlichkeiten wie Sitzflächen (Taubnessel, Roßkastanie) oder Schutz vor der Witterung (Fingerhut, Glockenblumen). Von zahlreichen Sonderfällen seien zwei Pflanzenformen genannt, die ihre Pollenkörner zu Paketen vereinigt haben und diese dem Insekt an den Kopf kleben (Knabenkräuter) oder an die Füße klemmen (Schwalbenwurz).

Einen von allem abweichenden Bestäubungsmechanismus haben sich die Osterluzei- und Aronstabgewächse ‚ausgedacht': Die von ihren großen Röhrenblüten angelockten kleinen Mücken werden, wenn sie ins Innere gelangt sind, durch eine Haar-Reuse an der Rückkehr ins Freie gehindert (Abb. 8). Erst etwa zwei Tage nach der Bestäubung ihrer Narbe durch die Mücken öffnet die Blüte ihre Staubgefäße und bepudert ihrerseits die

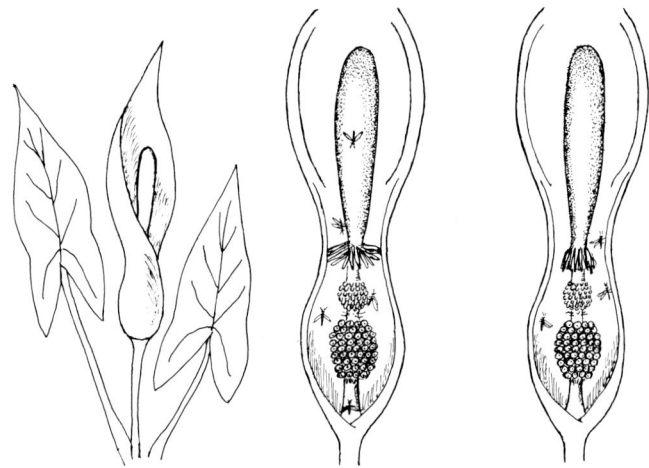

Abb. 8 Aronstab *Arum maculatum*, Blüte mit Bestäubungsfalle. Rechts: die welkende Haar-Sperre gibt den Bestäuber-Mükken den Ausgang frei (nach SCHMEIL)

gefangenen Insekten mit Pollen. Kurz danach schrumpfen die Reusenhaare ein und geben die Tierchen wieder frei. Diese konnten sich während der Gefangenschaft vom Nektar der Blüte ernähren.

Für die Samenverbreitung stellen viele Pflanzen wiederum den Wind in ihren Dienst. Zu diesem Zweck haben etliche Pflanzen ihre Samen mit „Fallschirmen" ausgestattet, wie der Löwenzahn und die Disteln (deren Schirm beim Anstoß an ein Hindernis den Samen abkoppelt, Abb. 9). Andere haben ihre Samen mit Flügeln versehen, wie die Linde und der Ahorn, dessen

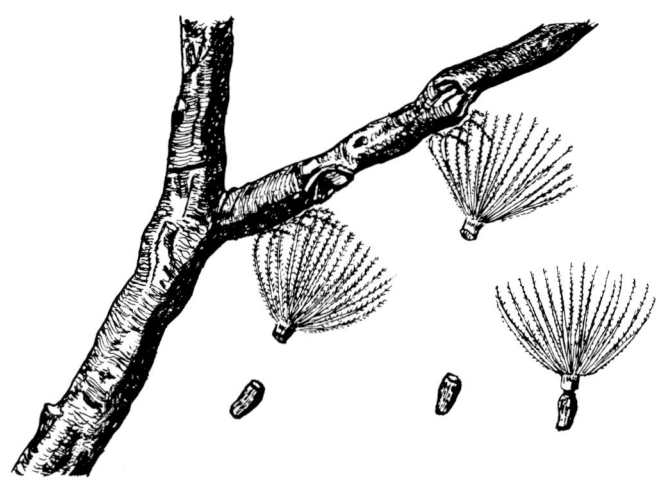

Abb. 9 Distelsamen, beim Anstoß ihren „Fallschirm" abkoppelnd

(nach SCHMITT)

Samen von Kindern als ‚Nasenzwicker' verwendet werden. Eine dritte Gruppe von Pflanzen, wie Kletten,
Klebkraut und Waldmeister, hat Samen mit Häkchen,
die sich an Vögeln, Säugetieren oder am Menschen
festheften. Wieder andere, wie der Ginster und das
Springkraut, verstreuen ihre Samen selbständig mittels
eines Schleudermechanismus, der auf Austrocknung
und Spannungserzeugung der Samenbehälter beruht
(Abb. 10).
Vögel und Säugetiere verbreiten aber nicht nur in ihrem
Feder- oder Haarkleid hängenbleibende Samen, son-

Abb. 10 Herausschleudern der Samen beim Besenginster (nach FISHER)

dern auch solche, die mit Früchten aufgenommen werden. Die Mistel- und die Wacholderdrossel erhielten
nach der von ihnen bevorzugten Beerennahrung ihre
Namen. Während das Rotkehlchen eine Vorliebe für
die Samen des Pfaffenhütchens hat, frißt der Grünfink
besonders gerne Hagebutten. Auch im Kot von Mar-
dern und Wieseln, Hase und Wildkaninchen fand man
viele keimfähige Samen von Weißdorn, Schlehe, Hart-
riegel und anderen Waldpflanzen, und die Wald- und
Gelbhalsmaus scheiden mit ihrem Kot Samen von
Blau-, Preisel- und Erdbeere aus.
Eichhörnchen sowie Eichel- und Nußhäher (Tannen-
häher) sind bekannte Samenverbreiter auf Grund ihres
Sammeltriebes. Sie verstecken Eicheln, Bucheckern
und Haselnüsse im Boden, um in der samenlosen Zeit
davon zu zehren. Doch finden sie ihre Verstecke längst

34

nicht alle wieder. Die Forstleute wissen, daß sie in diesen Tieren wichtige Helfer beim Waldbau haben.

Schließlich seien die Ameisen nicht vergessen, die mit zahlreichen Kräutern und Gräsern in Samenverbreitungs-Symbiose leben. Diese als „Ameisenwanderer" (Myrmekochoren) bezeichneten Pflanzenarten, zu denen Veilchen, Simsen, Wachtelweizen und Schöllkraut gehören, haben an ihren Samen ein für die Ameisen schmackhaftes Anhängsel (Eleiosom) gebildet, das diese veranlaßt, die Samen wegzuschleppen (Abb. 11), an ungestörtem Ort das Anhängsel zu verzehren und den Samen liegenzulassen. Man kennt in Eichenwäldern rund 80, in Buchenwäldern 40 und in Nadelwäldern 15 Arten dieser Ameisenpflanzen.

Eine Betrachtung des Blühens und der Samenbildung unserer Waldpflanzen im Jahresverlauf zeigt, daß jede Pflanzenart hier ihren eigenen „Terminkalender" hat. Diese jahreszeitliche Bindung machten sich die Kelten zunutze, die im Jahrtausend vor Christus große Teile Europas bewohnten und besonders eng mit dem Wald verbunden waren. Sie wählten als Symbol für jeden Monat eine Waldpflanzenart, die während dieser Zeitspanne blühte oder Früchte trug. In dem auf diese Weise entstandenen „keltischen Kalender" hatte das Jahr 13 Monate zu je 28 Tagen, die jeweils einem Mondumlauf entsprachen. Der einzige übrigbleibende Tag, der 23. 12. nach unserem Kalender, war der Tag nach der Wintersonnenwende. Die ersten 3 Monate des keltischen Kalenders wurden nach zwei Baumarten und einer Strauchart benannt, deren Früchte in den Wintermonaten an den kahlen Zweigen sichtbar waren:

Abb. 11 Rote Waldameise mit Veilchensamen

1 Birke = 24. 12.–20.1. (beth); 2 Eingriffliger Weißdorn = 21. 1.–17. 2. (luis); 3 Esche = 18. 2.–17. 3. (nion). Es folgten zwei Bäume und ein Strauch mit Frühlingsblüten: 4 Erle = 18. 3.–14. 4. (fearn); 5 Weide = 15. 4.–12. 5. (saille); 6 Mehrgriffliger Weißdorn oder Hagedorn = 13. 5.–9. 6. (vath). Die übrigen 7 Waldpflanzen einschließlich des Rohrkolbens, der als Pflanze an Waldteichen mit einbezogen wurde, kennzeichnen wiederum mit ihren Früchten die jeweiligen Mondumläufe: 7 Stieleiche = 10. 6.–7. 7. (duir); 8 Stechpalme = 8. 7.–4. 8. (tinne); 9 Haselnuß = 5. 8.–1. 9. (coll); 10 Geißblatt = 2.–29. 9. (muin); 11 Efeu = 30. 9.–27. 10. (gort); 12 Rohrkolben = 28. 10.–24. 11. (ngetal); 13 Holunder = 25. 11.–22. 12. (ruis) (Abb. 12).

Abb. 12 Keltischer Kalender

(nach MITCHELL. veränd.)

6. Keine Rose ohne Stacheln

Gefahren und Abwehrmittel

Wie alle Organismen haben sich auch die Waldpflanzen mit vielerlei Gefahren auseinanderzusetzen, die ihnen von der Witterung sowie von Krankheiten und Tieren drohen. (Den größten Waldfeind, den Menschen, wird das Kap. 26 behandeln.)

Unter den Witterungsfaktoren können Frost, Hitze, Blitz, Schneebruch, Hagel und Trockenheit den Wäldern arg zusetzen. Auch Stürme und Waldbrände wirken oft verheerend, doch sind diese beiden Gefahren so eng mit menschlichen Einflüssen verbunden, daß sie mit im Kap. 26 betrachtet werden sollen.

Ernste Frostschäden treten im Wald fast nur bei Spätfrösten im Frühjahr auf, wenn die Pflanzen während der Blattentfaltung besonders frostempfindlich sind. Oft sieht man dann Bäume und andere Pflanzen mit herabhängenden erfrorenen Jungtrieben. Die Laubbäume können solche Schäden meist noch im selben Jahr durch Erweckung von Reserveknospen (Johannistriebe) ausgleichen.

Hitzeschäden entstehen als Risse vor allem bei dünnrindigen Bäumen wie Buche, Fichte und Esche und vornehmlich dann, wenn diese an besonnten Waldrändern stehen. Kleinere Risse kann der Baum mit Wundkork verschließen. Bei größeren Schäden gelingt das nicht mehr, so daß der freiliegende Holzkörper (Abb. 13) vielen Krankheitserregern und Schädlingen Angriffsmöglichkeiten bietet.

Zur Blitzgefährdung von Bäumen heißt es im Volksmund: „Von der Eiche weiche, die Buche suche!". Daran ist soviel wahr, daß aus noch nicht ganz geklärten Gründen Buche, Birke und Hainbuche etwas weniger häufig vom Blitz getroffen werden als andere Bäume. Einen sicheren Blitzschutz aber bietet kein Baum.

Bedenkt man, welches Gewicht Naßschnee im Frühjahr hat, nimmt es nicht wunder, daß Bäume unter seiner Last wie Streichhölzer knicken können. Das kommt vor allem bei mittelalten Nadelbäumen (im „Stangenholzalter") vor (Abb. 14), deren Stammdicke mit der Kronenmasse noch in einem gewisssen Mißverhältnis steht. Bei Altbäumen beschränkt sich der Schneebruch zumeist auf die Kronenspitze. In Bergwäldern ist streckenweise kein Baum zu sehen, der noch eine unversehrte Spitze trägt.

Welch riesigen Schaden ein Hagelunwetter anrichten kann, mußten die Bewohner einiger oberbayerischer Landstriche im Juli 1984 erleben. Damals wurden nicht nur Tausende von Dächern zerschlagen und Autos verbeult, sondern auch große Waldflächen schwer mitgenommen.

Am meisten schädigend für den Wald wirkt sich aber Wassermangel aus. Die „Jahrhunderttrockenheit" 1976 führte in weiten Teilen Europas zum raschen oder schleichenden Vertrocknungstod ungezählter Bäume. Bereits eine Schwächung durch Wassermangel ist für die Bäume gefährlich, weil dadurch ihre Anfälligkeit (Disposition) für Schädlingsbefall steigt (Kap. 26).

Damit wären wir bei den lebenden Widersachern unserer Wälder, den Pilzen, Insekten, Mäusen und dem rindenschälenden Rotwild. Als Verbraucher (Konsumenten) bilden sie den Inhalt der folgenden Kapitel. In normaler Anzahl haben sie alle im Wald ihren Platz und sind für das Ökosystem notwendig. Zur Bedrohung können sie nur werden, wenn ihnen der Mensch durch Störung des Gleichgewichts zur Übervermehrung verhilft (Kap. 26).

Die Pflanzen haben, um im Lebenskampf konkurrenzfähig zu bleiben, mannigfache Abwehreinrichtungen gegen Krankheiten und tierische Schädlinge entwickelt. Die Herstellung von Wundkork, die das Eindringen von Krankheitskeimen verhindert, wurde bereits erwähnt. Demselben Zweck sowie zugleich zur Abwehr von Rinden- und Holzschädlingen dienen der Saftfluß der Laubbäume und der Harzfluß der Nadelbäume, in denen die Eindringlinge ersticken.

Viele Pflanzen wehren sich auch mit mechanischen und chemischen Abwehreinrichtungen. Mechanische „Waffen" sind z. B. eine dicke Borke, Fruchtstacheln (Kastanie, Platane), harte Blattspitzen (Disteln, Stechpalme, Wacholder), Dornen (Schlehe, Kreuz-, Sauer- und Weißdorn) und Stacheln (Rosen, Him- und Brombeeren). Im Gegensatz zu den aus dem Holzkörper wachsenden Dornen sind die Stacheln Auswüchse des Rindengewebes (Abb. 15 A, B). Es müßte also eigentlich heißen: „Keine Rose ohne Stacheln".

Chemischen Schutz bieten die Gifthaare der Brennesseln (Abb. 15 C) sowie die Ekel- bzw. Giftstoffe von Wolfsmilch- und Nachtschattengewächsen, der Eibe und anderer Pflanzen. Im Harzausfluß der Nadelbäume hat man pilztötende (fungizide) Bestandteile entdeckt,

Abb. 13 Fichten am Waldrand mit Hitzerissen

Abb. 14 Von Naßschnee geknickte mittelalte Kiefern

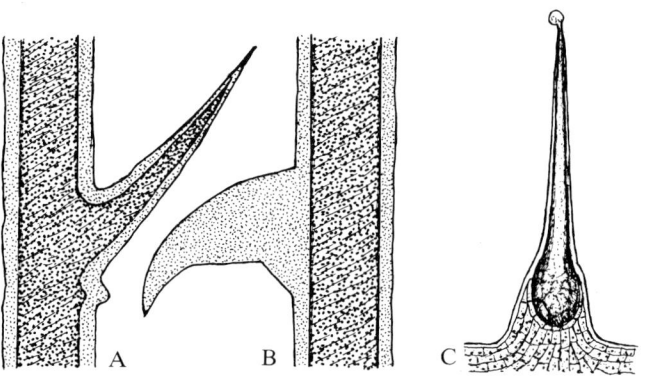

Abb. 15 A. Dorn, B. Stachel, C. Brennhaar   (nach SCHMEIL)

und neuerdings wurden im Adlerfarn und im Günsel
Ajuga reptans Substanzen gefunden, die bei den sie
fressenden Insekten zu Entwicklungsstörungen und zum
Tode führen. Letzteres ist im Hinblick auf eine mögli-
che Verwendung zur Insektenbekämpfung von beson-
derem Interesse.

II. Die Verbraucher (Konsumenten)

Die große Zahl und Vielfalt der Konsumenten, jener
Organismen also, die andere lebende Organismen als
Nahrung benötigen, führt uns anschaulich vor Augen,
daß im Waldökosystem alle Möglichkeiten zu leben

genutzt werden, mit anderen Worten: alle verfügbaren „ökologischen Nischen" besetzt sind. Auf den Menschen bezogen, ließe sich für „Nische" auch „Planstelle" sagen. Der Begriff der ökologischen Nische umfaßt also nicht nur den Lebensraum, sondern auch alle anderen Bereiche des Lebens einer Organismenart. In den folgenden Kapiteln sollen die wichtigsten dieser Bereiche betrachtet werden: Lebensraum und Zeit, Ernährung, Angriff und Verteidigung, Fortpflanzung, Verbreitung sowie Sozialleben.

7. Ortszeit auf der Vogeluhr

Waldtiere in Raum und Zeit

Der Lebensraum einer Organismenart setzt sich immer aus mehreren Teilräumen zusammen, die den verschiedenen Aktivitäten wie Nahrungssuche, Ruhe, Fortpflanzung u. a. entsprechen. Die Anforderungen an diese Teillebensräume seitens des Tieres sind oft sehr hoch. In der Abb. 16 ist die Lebensraum-Gliederung des Auerhuhns schematisch dargestellt. Zählt man zu den hier erwähnten Lebensnotwendigkeiten noch den wichtigen Faktor „Ungestörtsein" hinzu, wird es verständlich, daß dieser größte europäische Hühnervogel nur noch in wenigen Waldgebieten unseres dichtbesiedelten Landes seine Existenzbedingungen findet.

Teillebensräume besonderer Art sind die „Territorien" oder „Reviere", wie wir sie besonders bei Vögeln und Säugetieren finden. Es handelt sich um Räume, die

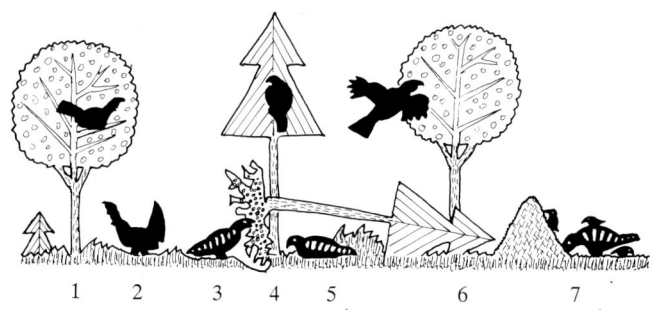

Abb. 16 Teillebensräume des Auerhuhns. 1. Balzbaum, 2. Boden-
balzplatz, 3. Aufnahme von Magensteinchen, 4. Schlaf-
baum, 5. Brutplatz, 6. Buchenlaub als Sommernahrung,
7. Ameisen als Kückennahrung (nach STERN)

gegen die eigenen Artgenossen verteidigt werden. Man
kann Weibchen-, Männchen-, Ehe-, Familien- und Ver-
bands-Territorien unterscheiden. Am häufigsten stehen
sie in Zusammenhang mit der Fortpflanzung und sind
dann zeitlich begrenzt. Zur Abschreckung können sie
optisch, stimmlich oder geruchlich markiert werden. Als
Beispiel sei das Reh genannt. Im Frühjahr, wenn die
Winterrudel sich auflösen, grenzt das Männchen, der
Bock, sein Revier ab, in welchem er weibliche Tiere
duldet, nicht aber männliche Nebenbuhler. Er markiert
sein Revier teils optisch durch Abreiben der Rinde
junger Bäume mit dem Gehörn (Fegemarken), teils
geruchlich durch Andrücken einer Stirndrüse (Duftmar-
ken). Von den drei Arten von Duftdrüsen, die beim
Reh festgestellt wurden, dienen Klauen- und Laufdrü-
sen der Geschlechterfindung (Kap. 16) und sind bei

beiden Geschlechtern vorhanden, während die Stirn-
duftdrüse nur der Bock besitzt.

Die ausgedehntesten Lebensräume haben wandernde
Tiere, allen voran die Zugvögel, deren Teillebensräume
mehrere Kontinente umfassen können. Kürzere Wan-
derungen innerhalb Europas unternehmen manche Fledermäuse zu ihren Überwinterungs-Felshöhlen sowie
einige Vogelarten auf der Suche nach samenreichen
Waldgebieten, in denen sie Winternahrung finden. So
kommt der in Nordeuropa brütende Bergfink im Winter
oft in riesigen Schwärmen nach Mitteleuropa. Auch der
prächtig gefärbte Seidenschwanz und der Birkenzeisig
gehören zu diesen „Invasionsvögeln".

Die Anpassung an den Lebensraum führte dazu, daß
verschiedenartige Tiere im gleichen Lebensraume
gleichartige Merkmale oder, umgekehrt, gleichartige
Tiere in unterschiedlichen Lebensräumen unterschiedliche Merkmale entwickelten. Das wohl bekannteste Beispiel zum erstgenannten Fall bilden der Maulwurf und
die Maulwurfgrille (Abb. 17). Beide erwarben, obwohl
verwandtschaftlich weit auseinanderstehend, durch ihre

Abb. 17 Vorderansicht vom Maulwurf (verkleinert) und von der
Maulwurfsgrille (vergrößert) (nach SCHALLER)

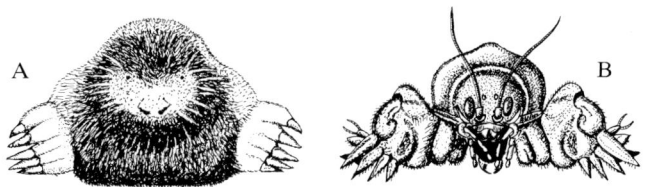

A

B

Wühltätigkeit im Boden verblüffende Übereinstimmungen des Körperbaues: walzenförmige Gestalt, samtartige (die Erdkrümel abweisende) Behaarung sowie schaufelförmig umgebildete Vorderfüße. Weniger auffällig, aber viel häufiger, ist der umgekehrte Fall, daß innerhalb derselben Tierart unterschiedliche Standortverhältnisse zur Entstehung von „Lokalrassen" führten, die sich meist nur in unscheinbaren, aber erblichen Merkmalen unterscheiden. So bildet unser häufigstes Waldsäugetier, die Rötelmaus *Clethrionomys glareolus*, in Europa 29 Lokalrassen.

Auch die Orientierung der Tiere ist ein raumbezogenes Problem. In späteren Kapiteln wird unter anderem vom nächtlichen Flug der Fledermäuse und von der Orientierung der Tiere bei der Geschlechterfindung die Rede sein. Hier sei nur das besonders interesssante Heimfindevermögen vieler Tiere erwähnt. Es beruht zum größten Teil auf dem Ortsgedächtnis (Landmarken-Orientierung), in manchen Fällen aber auch auf einer Verwendung des Sonnenstandes (Sonnenkompaß-Orientierung). In letzterem Fall, der bei einigen Vögeln, Ameisen und der Honigbiene nachgewiesen wurde, merkt sich das Tier den Sonnenwinkel, unter welchem es sich vom Nest entfernt, und kehrt unter demselben Winkel, verändert um den Betrag der inzwischen eingetretenen Sonnenstands-Veränderung, zum Nest zurück. Die Berechnung des neuen Winkels setzt eine „innere Uhr" voraus, die der Mensch nicht besitzt. Ihr Mechanismus konnte bisher noch nicht aufgeklärt werden. Damit wären wir zugleich bei den Beziehungen zwischen Tier und Zeit angelangt.

Die zeitliche Einbindung der Waldtiere in das Ökosystem kommt im Tages- und Jahresrhythmus ihrer Aktivität zum Ausdruck. Hinsichtlich des Tagesrhythmus lassen sich ein- und mehrphasische Arten unterscheiden. Die einphasischen, wie die Schmetterlinge, Bienen, Vögel oder Fledermäuse, haben entweder tags oder nachts nur eine zusammenhängende Aktivitätsperiode mit anschließender Ruheperiode. Bei den mehrphasischen hingegen, wie den Regenwürmern, Schnekken, Mäusen oder der Wildkatze, wechseln mehrere kürzere Aktivitäts- und Ruheperioden einander ab.

Zu welcher Tageszeit die Aktivität beginnt, ist von Tierart zu Tierart verschieden. So beginnt bei den Singvögeln jede Art ihren Gesang bei einer für sie spezifischen Weckhelligkeit. Ein alter Jägerspruch lautet: „Der Weidmann soll zur Frühpirsch aufbrechen, wenn der Lerchenschlag beginnt und soll an Ort und Stelle sein, wenn der Kuckucksruf ertönt." Auf diese Weise läßt sich vom Sonnenauf- bis Sonnenuntergang eine regelrechte „Vogeluhr" konstruieren.

Wenn man die Aktivität der Waldtiere im Jahresverlauf betrachtet, fällt zunächst der fundamentale Unterschied zwischen den wechselwarmen (ihre Körpertemperatur mit der Außentemperatur wechselnden) und den gleichwarmen (ihre Körpertemperatur aufrechterhaltenden) Tieren ins Auge. Gleichwarm sind nur die Vögel und Säugetiere. Alle anderen Tiere werden bei kühlem Wetter träge und fallen unterhalb einer bestimmten Temperatur in Kältestarre.

Lediglich die Honigbiene macht eine Ausnahme. Bei diesem staatenbildenden Insekt (Kap. 19) erzeugen die

Arbeitsbienen bei tiefen Temperaturen, also auch im Winter, durch Flügelschwirren eine Nesttemperatur von über 20 °C. Die für diese enorme Leistung notwendige kalorienreiche Nahrung speichert die Biene in Form von Honig in ihren Waben. Wenn der Imker ihr den Honig nimmt, muß er Zuckerlösung als Ersatznahrung bieten. Wer vielleicht meint, die Biene gehöre nicht in dieses Waldbuch, irrt. Die Honigbiene ist von Haus aus ein Waldtier und kommt noch heute nicht selten in Baumhöhlen oder Vogelnistkästen (Abb. 76) vor. Auch wenn

Abb. 18 A. Siebenschläfer *Glis glis* im Sommer; B. Haselmaus *Muscardinus avellanarius* im Winter (nach MEHL)

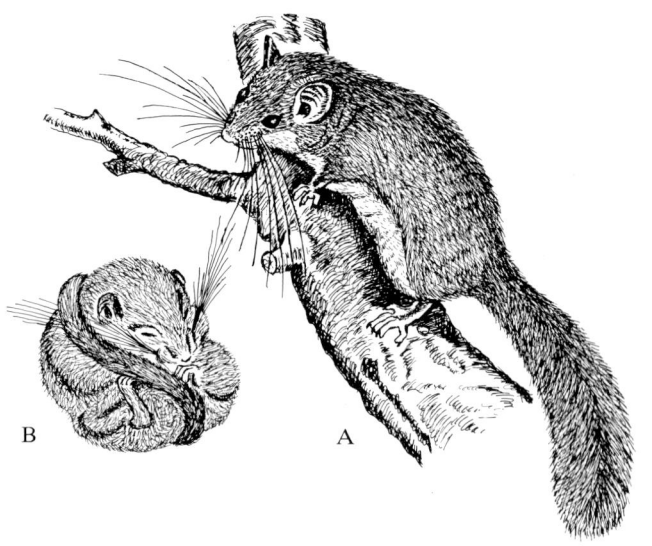

Abb. 19 Heideschnecken *Helicella candicans* im Trockenschlaf

der Mensch ihre Nester in seinen Wohnbereich verlagerte, domestizieren konnte er die Honigbiene nie, ja, diese wird sogar heute wieder mehr und mehr zum Waldtier, weil der Imker wegen des Mangels an honigspendenden Feldblumen (bedingt durch die verbreitete Anwendung von Herbiziden) seine Bienen in den Wald bringt, wo sie vor allem den Blattlaus-Honigtau (Kap. 12) als Honiggrundlage eintragen.

Außer den wechselwarmen Tieren gehen aber auch einige gleichwarme in Winterruhe, die Winterschläfer. Sie setzen ihre Körpertemperatur und den Stoffwechsel stark herab und überdauern im Tiefschlaf die ungünstige Jahreszeit. Winterschläfer in unseren Wäldern sind der Igel, die Fledermäuse sowie die drei Arten von Schläfern (Gliridae): Siebenschläfer (Abb. 18 A), Baumschläfer und Haselmaus (Abb. 18 B).

Allgemein werden zur Überwinterung geschützte Stellen wie Baumhöhlen, morsche Baumstümpfe und, vor allem, der Waldboden aufgesucht. Ausnahmen machen unter anderen einige Schmetterlinge, darunter der bekannte Zitronenfalter, den man an Zweigen oder dürren Blättern mit zusammengelegten, oft vereisten Flügeln in Winterstarre finden kann. Bringt man ihn ins Warme, kehrt rasch das Leben in ihn zurück.

Weniger bekannt ist, daß einige Waldtiere auch einen Sommerschlaf halten. Genauer betrachtet, ist es ein Trockenschlaf, mit dem feuchtigkeitsgebundene Tiere wie der Feuersalamander oder die Schnecken trockene Perioden überbrücken. Zu diesem Zweck gehen sie meist in den Boden. Die in Abb. 19 zu sehende Schneckenart hält jedoch ihre Sommer-Trockenruhe an Kräutern oder Sträuchern. Sie verschließt ihren Hauseingang mit einem Schleimpfropf und wartet den nächsten Regen ab.

Eine Einwirkung der Jahreszeit auf die Färbung von Tieren ist beim Schneehasen, Schneehuhn (beide in den Alpen) und Großwiesel bekannt, die ein weißes Winterkleid anlegen und damit im Schnee gut getarnt sind (Kap. 15).

Überraschend war die Entdeckung, daß auch die Färbung eines häufigen Tagfalters mit der Jahreszeit wechselt, allerdings nicht zwischen Sommer und Winter, sondern zwischen Frühjahr und Sommer. Die in Abb. 20 dargestellten zwei Falter hielt man früher für

A   B

Abb. 20 Landkärtchenfalter *Araschnia levana*. A. Frühjahrsform,
B. Sommerform
(nach EIDMANN)

verschiedene Arten, bis man entdeckte, daß es die
Frühjahrs- und die Sommergeneration des Landkärtchens *Araschnia levana* sind, dessen Raupen an Brennnesseln fressen. Als Ursache fand man die verschiedenen Tageslichtlängen (Photoperioden), unter der die
Raupen beider Generationen leben. Im Frühjahr sind
die Tage kürzer, was zu den fast schwarzen Faltern der
Sommergeneration führt. Dagegen bringen die längeren
Tage im Sommer die rötlich-gelben Falter der (als Puppen überwinternden) Frühjahrsgeneration hervor.

8. Samensammler, Schaumschläger
und Kneipenbesucher

Pflanzenfraß von außen

Die nunmehr zu betrachtende Ernährung der Konsumenten bietet ein so weites Feld, daß wir es aufteilen
müssen. Zunächst seien die Pflanzenfresser (Phytopha-

51

gen) vorgenommen und unter ihnen wieder jene, die außen an den Pflanzen ihre Nahrung gewinnen. Bei ihnen werden je nachdem, ob ihre Nahrung fest oder flüssig ist, die Kauer von den Saugern unterschieden.

Kauer

Beginnen wir unten an der Pflanze, bei den Wurzelfressern. Als solchen haben wir bereits die grotesk gestaltete Maulwurfsgrille kennengelernt. Der gleichzeitig in Abb. 17 mit dargestellte Maulwurf ist dagegen kein Vegetarier.

Zu den wurzelfressenden Insekten zählen im Walde auch die als Engerlinge bekannten Larven des Waldmaikäfers *Melolontha hippocastani*. Seit mehreren Jahrzehnten wurde von starken Maikäfer-Vorkommen nicht mehr berichtet, woraus man folgerte, daß unsere zwei Maikäferarten, der Feld- und Waldmaikäfer, durch Anwendung chemischer Bekämpfungsmittel so gut wie ausgerottet seien. Dem widersprachen einige Fachleute, die bei ihren Untersuchungen über das Auftreten der Maikäfer sehr lange Pausen feststellten und das Wiederkommen der Maikäfer vorhersagten. Und, in der Tat, 1987 war in Südwestdeutschland bereits wieder ein „Maikäferjahr".

Als Rindenfresserin im unteren Stammbereich junger Bäume macht die Erdmaus *Microtus agrestis* dem Forstmann viel zu schaffen. Sie ist von Frühjahr bis Herbst eine Grasfresserin und stellt nach der Graswelke ihre Nahrung auf Baumrinden um. Durch die Kahlschlagwirtschaft (Kap. 26), die mit vergrasten Baumpflanzungen verbunden ist, aber auch durch die fast völlige

Ausrottung der Wildkatze ist die Erdmaus zu einem der schlimmsten Forstschädlinge geworden. In Schweden, wo es besonders große Kahlschläge gibt, vernichtete sie einmal auf 30 000 Hektar 62 Millionen junge Bäume.

Das größte Kontingent an Pflanzenfressern stellen aber die Blätter und Nadeln fressenden Schmetterlingsraupen und Blattwespenlarven. Letztere sehen den ersteren so ähnlich, daß sie den Namen „Afterraupen" (also: falsche Raupen) erhielten (Abb. 21). Die meisten Raupen- und Afterraupenarten sind auf bestimmte Pflanzenarten spezialisiert. So fressen unter den 136 einhei-

Abb. 21 Larven (Afterraupen) der Kiefernblattwespe *Diprion pini*

mischen Arten der Sackmotten (Coleophoridae), deren Raupen ein sackartiges Schutzgehäuse aus Blattstücken mit sich herumtragen, 99 Arten nur auf einer Pflanzenart und 35 Arten auf wenigen eng verwandten Pflanzenarten. Ihnen stehen die „Vielartenfresser" gegenüber, an deren Spitze wohl der Schwammspinner *Lymantria dispar* steht, dessen Raupen sich von 458 Pflanzenarten ernähren können. Auch pflanzenfressende Säugetiere haben einen vielseitigen Speisezettel. Beim Wildkaninchen sind rund 70 Futterpflanzen nachgewiesen. Die meisten davon enthalten medizinelle Wirkstoffe, wie etwa der Gänsefuß *Chenopodium album*, dessen Öl wurmtötende Wirkung hat. Bekämpft das Kaninchen vielleicht auf diese Weise seine Würmer?

In einigen Fällen hat man die Spezialisierung blattfressender Insekten zur biologischen Unkrautbekämpfung ausgenutzt. So wurde das Johanniskraut *Hypericum perforatum* Anfang des Jahrhunderts von Europa nach Australien verschleppt und dort zu einem die Schafzucht gefährdenden Unkraut. Um es einzudämmen, holte man den auf diese Pflanze spezialisierten Blattkäfer *Chrysomela hyperici* von Europa nach Australien. Er vermehrte sich dort rasch und bekam das Unkraut bald „in den Griff".

Es verwundert nicht, daß die Samen von Waldpflanzen, besonders Bäumen, für viele Tiere eine begehrte Speise bilden, enthalten sie doch besonders hochwertige Speicherstoffe. Unter den Vögeln ist der Große Buntspecht ein Liebhaber für Kiefern- und Fichtensamen. Er klemmt den Zapfen in ein Rindenloch und pickt die Samen zwischen den Zapfenschuppen heraus. Da er das immer wieder am selben Baum tut, häufen sich an dessen Stammfuß die Zapfenschuppen an, und man spricht von einer „Spechtschmiede". An einem solchen Baum wurden einmal die Schuppen von rund 3000 Kiefern- und 1450 Fichtenzapfen gezählt.

Weit bedeutender für den Wald ist jedoch der Verzehr von Samen sowie Keimpflanzen durch Mäuse (Rötel-, Gelbhals- und Waldmaus) (Abb. 22). So ermittelte man in einem Buchenwald, daß pro Hektar 160000 Buchekkern und 10000 Buchenkeimlinge von Mäusen verzehrt worden waren. Dennoch rechnet das Ökosystem oft mit anderen Maßstäben als der Mensch. Die Mäuse verstekken nämlich einen Teil der Samen im Boden und finden davon wiederum nur einen Teil wieder, während der andere auskeimt. Nach einem Spätfrost wurde festgestellt, daß sämtliche 50000 Buchenkeimlinge pro Hektar erforen waren. Erstaunt sah man aber wenige Wochen später, daß Tausende von neuen Keimlingen aus dem Waldboden schossen, die von Bucheckern stammten, welche die Mäuse im Boden vergraben hatten.

Zum Abschluß unserer Betrachtung von Fressern fester Pflanzenteile seien drei eigenartige und noch wenig bekannte Gruppen von Nahrungsspezialisten vorgestellt: die Bärtierchen (Tardigrada), Pinselfüßler (Polyxenidae) und Federflügler (Ptilidae) (Abb. 23). Die Bärtierchen, um deren Stellung im Tierreich die Zoologen streiten, sind knapp 1 mm kleine Flechten- und Moosfresser. Bei Wassermangel verfallen sie in Trockenstarre, aus der sie nach Befeuchtung wieder aufleben. Die etwa doppelt so großen, durch ihre platten

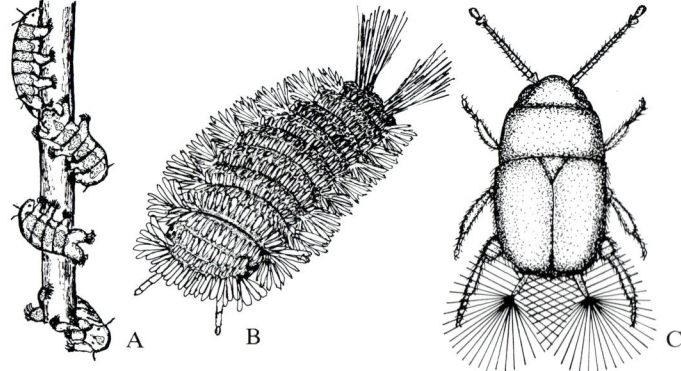

Abb. 22 Waldmaus *Apodemus sylvaticus* mit einem Buchensamen

Abb. 23 A. Bärtierchen (nach BRAUNS), B. Pinselfüßler,
C. Federflügler

Haare bizarr gestalteten Pinselfüßler gehören zu den Tausendfüßlern, auch wenn sie nur 13 Beinpaare besitzen. Sie ernähren sich vorzugsweise von einzelligen Grünalgen an Baumrinden. Die Federflügler schließlich, die ihren Namen nach den unter den Deckflügeln vorragenden federförmigen Hinterflügeln erhielten, sind mit 0,3 mm die kleinsten Käfer Europas. Sie ernähren sich von Pilzsporen.

Sauger

Der erste Platz unter den Pflanzensäfte saugenden Tieren gebührt den Blattläusen, denn sie sind beinahe allgegenwärtig, besonders wenn sie sich in warmen Jahren ins Ungeheure vermehren. Sie alle treten im Jahresverlauf in mehreren, unterschiedlich gestalteten Generationen auf (Generationswechsel); eine oder zwei von ihnen sind geflügelt und besorgen die Ausbreitung sowie, bei den meisten Arten, den Wechsel zu einer anderen Pflanzenart (Wirtswechsel).

Eine nicht wirtswechselnde Blattlaus ist die häufige Buchenwollaus *Phyllaphis fagi*, so benannt, weil die Tiere sich mit wolligen Wachsfäden umhüllen (Abb. 24). Alle ihre vier Generationen im Jahr saugen an der Unterseite von Buchenblättern.

Von den vielen wirtswechselnden Blattläusen im Wald seien nur genannt: *Rhopalus padi* als Wanderer zwischen Traubenkirsche und Gräsern, *Aphis sambuci* zwischen Holunder und Ampfer, sowie *Macrosiphum rosae* zwischen Wildrosen und Knautien. Dabei ist die erstgenannte Pflanze der Hauptwirt, auf dem die Eier überwintern und die Frühjahrs-Generation entsteht, während die andere Pflanzenart den Neben- oder Sommerwirt bildet.

Höchst merkwürdige Säftesauger sind die Schildläuse, da bei den meisten von ihnen die Geschlechter extrem unterschiedlich gestaltet sind. Die festsitzenden Weibchen haben die Form eines flachen oder gewölbten Schildes (Name) und sind nur bei näherer Untersuchung überhaupt als Lebewesen zu erkennen (Abb. 25). Dagegen ähneln die Männchen kleinen Fliegen. Einen stärkeren „Geschlechtsdimorphismus" findet man wohl im ganzen Tierreich nicht wieder.

Als dritte Gruppe von Säftesaugern seien die Zikaden genannt, deren Zirpmusik uns noch im Kap. 16 beschäftigen wird. Besonders häufig und auffällig sind die Schaumzikaden *Aphrophora*: Ihre Larve saugt aus einem Pflanzenstengel Saft, schlägt diesen zu Schaum und hüllt sich darin ein (Abb. 26), wodurch sie bestens geschützt ist.

Das alles waren Sauger von Blatt- und Stengelsäften. Ihnen stehen die Blütensaft-(Nektar-)sauger gegenüber, von denen bereits im Zusammenhang mit der Blütenbestäubung (Kap. 6) die Rede war. Besonders die großen Schirmblüten des Holunders, des Schneeballs und der Doldenblüter bilden wahre „Insektenkneipen" im Wald. Ihre Nektarquellen liegen oberflächlich und sind daher auch für kurzrüsselige Insekten erreichbar. Dagegen kann der süße Saft aus den langkelchigen Blüten der Glockenblume oder des Geißblatts nur mit einem langen Saugrohr, wie ihn die Schwärmer (Sphingidae) unter den Schmetterlingen besitzen, heraufgeholt werden. Die Hummeln lösen das Problem allerdings auf

ihre Weise: sie beißen einfach ein Loch in den Kelch-
grund und stehlen sich den Nektar, „stehlen" deshalb,
weil sie ja der Blüte dafür keine Gegenleistung in Form
der Bestäubung erbringen.

9. Minenbauer, Tütenroller und Gallenerzeuger

Pflanzenfraß von innen

Die nun zu betrachtenden Tiere, die im Pflanzeninneren
ihre Nahrung gewinnen, haben den großen Vorteil für
sich, daß sie dabei geschützt vor Witterung und Feinden
sind. Daher übertrifft ihre Arten- und Formenvielfalt
jene der Außenfresser bei weitem. Wir wollen die folgenden Beispiels-Arten in 6 Gruppen einteilen:
Stamm-, Minen-, Rollen-, Gallen-, Samen- und Pilzbe-
wohner.

Stammbewohner

Vom Artenreichtum der im Stammbereich (Stengel,
Äste, Holzstämme) lebenden Innenfresser mag der Hin-
weis einen Begriff geben, daß bei uns allein in den
Stengeln von Gräsern mehr als 100 Arten Halmfliegen
(Chloropidae) leben. Einer ihrer häufigsten Vertreter,
die Fritfliege *Oscinella frit*, ist aus etwa 60 Gräserarten
bekannt.
Eine Etage höher, in den Ruten einiger Sträucher sowie
im Stammbereich von Weiden und Pappeln, bohren die

Abb. 24 Buchenwollaus *Phyllaphis fagi* an der Unterseite eines Buchenblattes

Abb. 25 Drei Weibchen der Fichtenquirlschildlaus *Physokermes hemicryphus*

Abb. 26 Zwei Larven der Weidenschaumzikade *Aphrophora salicina*, von Schaumhülle umgeben

Raupen der Glasflügler (Aegeriidae), die mit ihren durchsichtigen Flügeln gar nicht wie Schmetterlinge aussehen, sowie die der Holzbohrer (Cossidae) ihre Fraßgänge. Da sie sich in diesen Gängen auch verpuppen, entsteht die Frage: Wie kann aus der Puppe in einem so engen Gang der Falter schlüpfen und ins Freie gelangen? Nun, ein solches Kunststück bringt tatsächlich kein Falter zustande. Es wurde daher eine andere Lösung gefunden: Die Puppe ist ringsum mit kleinen Stacheln besetzt, mit denen sie sich kurz vor dem Schlüpfen des Falters im Raupenfraßgang so weit nach außen schiebt, daß sie etwa zur Hälfte ins Freie hinausragt (Abb. 27 B). Nunmehr kann der Falter den vorderen Teil der Puppenhülse sprengen und ins Freie gelangen. Der größte Vertreter der Holzbohrer ist der Weidenbohrer *Cossus cossus* (Abb. 27), dessen bis 10 cm lange Raupe stark nach Holzessig riecht. Man kann daher bereits aus mehreren Metern Entfernung mit der Nase feststellen, ob eine Weide oder Pappel von solchen Raupen besiedelt ist.

Im Gegensatz zu den Holzbohrer-Schmetterlingen sind die Borkenkäfer fast alle Rindenbohrer, die ihre Larvenfraßgänge dicht unter der Rinde, im Bereich der Wasser- und Nährstoffleitbahnen der Bäume haben. Die Unterbrechung dieser Gefäße durch den Larvenfraß bedeutet für den Baum natürlich eine größere Gefahr als das Bohren im Holzkörper. Wir wollen hier nicht näher auf die Brutgangsysteme eingehen, an deren Form (Zahl, Länge, Dicke und Lage der Mutterkäfer- und Larvengänge) man jede der 120 mitteleuropäischen Borkenkäferarten bestimmen kann.

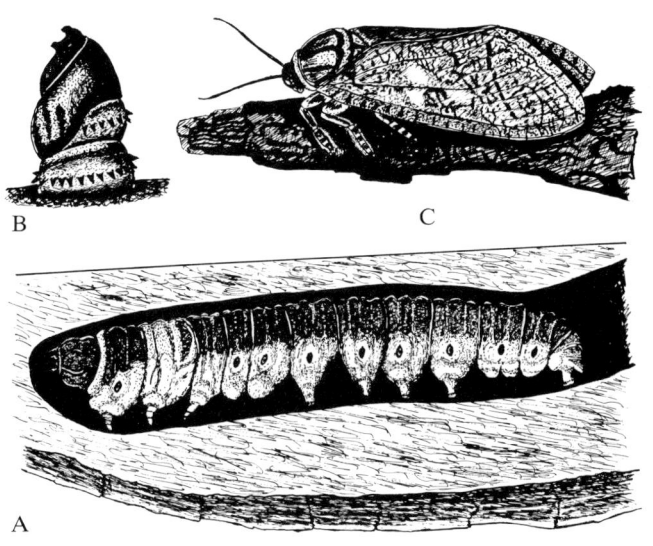

Abb. 27 Weidenbohrer *Cossus cossus*. A. Raupe, B. Puppe, halb aus dem Stamm herausragend (nach JACOBS/RENNER); C. Falter (nach GRZIMEK)

Als Beispiel diene unser häufigster Kiefernborkenkäfer, der Große Waldgärtner *Myelophilus piniperda*. Er erhielt seinen Namen nach dem Verhalten des Weibchens, das vor dem Einbohren in die Rinde des Stammes zunächst in der Kiefernkrone einige Maitriebe aushöhlt („Reifefraß"). Die hohlen Triebe brechen spätestens bei den Herbststürmen ab und bedecken dann oft dicht den Waldboden. Bei starkem Befall werden die Kiefernkronen licht und sehen wie beschnitten aus. Ein wirklicher Gärtner würde natürlich einen Kronenschnitt anders ausführen. Aus dem Einbohrloch des weiblichen Käfers in den Kiefernstamm fließt immer etwas Harz aus, der sich vor dem Loch zu einem Klümpchen erhärtet. An diesen weithin sichtbaren Harzpfropfen (Abb. 28) läßt sich das Auftreten des Waldgärtners leicht äußerlich feststellen.

Noch auffälligere Veränderungen am Erscheinungsbild von Kiefern verursachen aber die Raupen einiger Kleinschmetterlinge, der Kieferntriebwickler *Rhyacionia*. Sie fressen im Inneren der Maitriebe junger, noch im „Dikkungsalter" befindlicher Bäume. Nachdem die Raupen die ausgehöhlten Triebe verlassen haben, brechen diese entweder ab oder bleiben am Leben. Im letzteren Fall knickt der Trieb um, hängt zunächst mit der Spitze nach unten, um dann nach kurzer Zeit wieder im Bogen nach oben zu wachsen. Doch bleibt die dabei entstehende Krümmung als „Posthorn" bis ins hohe Baumalter erhalten (Abb. 29). Wenn der soeben geschilderte Vorgang zwei gegenüberliegende Triebe betrifft, diese also in gegenläufigen Krümmungen nach oben wachsen, entsteht eine als „Lyra" bezeichnete Form (Abb. 29). Meist entfernt der Forstmann solche verunstalteten Bäume noch im Jugendalter. Wo das aber unterblieb, wie in manchen Privatwäldern, kann ein alter Kiefernwald manchmal fast einem Märchenwald gleichen.

Minierer

Minen nennt man die von Insektenlarven ausgefressenen Hohlräume dicht unter der intakt bleibenden Oberfläche von Blättern und Stengeln. Hier seien nur die

Abb. 28 Vom Waldgärtner *Myelophilus piniperda* befallener Kiefernstamm

Abb. 29 Auf den früheren Befall mit Triebwicklern *Rhyacionia* zurückgehende Verkrümmungen von Kiefern

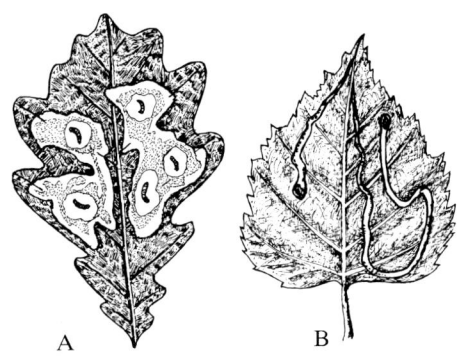

Abb. 30 A. Platzminen mit Raupen der Eichenminiermotte *Tischeria ekebladella*; B. Gangminen mit Larven der Birkenminierfliege *Agromyza alnibetulae* (nach ECKSTEIN)

Blattminen betrachtet, die weitaus häufiger als Stengelminen sind. Da ihnen das Blattgrün fehlt, heben sie sich durch hellere Färbung vom umgebenden Blattgewebe ab: Man braucht das Blatt nur gegen Licht zu halten, um die Minen zu erkennen. Je nachdem, ob die minierenden Larven sich beim Fressen fortbewegen oder am Platz bleiben, entstehen Gang- oder Platzminen (Abb. 30). Fast alle Waldpflanzenarten haben ihre Blattminierer. In einem Spezialbuch werden für Mittel- und Nordeuropa mehr als 2800 Formen von Blattminen beschrieben, von denen etwa 1000 in unseren Wäldern vorkommen dürften. Allerdings entspricht die Zahl der Minenformen nicht jener der Minierinsektenarten, da von derselben Insektenart an verschiedenen Pflanzenarten hergestellte Minen als verschiedene Formen gewertet werden. Die artenreichsten Verursacher-Gruppen sind die Minierfliegen (Agromyzidae) sowie mehrere Familien Miniermotten.

Roller

Blättern, die von der Spitze oder Seite her ganz oder teilweise aufgerollt sind, begegnet man im Walde allerorten. Man bezeichnet die Gebilde als Blattrollen oder -wickel und hat danach der Hauptverursacher-Gruppe, einer Kleinschmetterlings-Familie den Namen „Wickler" (Tortricidae) gegeben. Ihre Raupen fressen von innen einen Teil der Blattrolle auf und verpuppen sich auch darin.

Während die von Raupen gefertigten Blattrollen nur grobe Regelmäßigkeiten aufweisen, sind die von einigen kleinen gold- oder blauglänzenden Käfern, den Blattrollrüßlern (Rhynchitinae), gebauten Rollen von strenger Regelmäßigkeit. Dabei vollbringt der Birkenblattroller *Deporaus betuleti* eine wahre mathematische Meisterleistung. Sein Weibchen schneidet durch das obere Blattdrittel von einem Rand zum anderen zwei ungleiche S-Kurven (Abb. 31). Mathematiker berechneten, daß es geometrisch nur mit diesen zwei Kurvenformen möglich ist, den darunterliegenden Teil des Blattes zu einer Innen- und Außentüte umeinanderzurollen. Zu dieser verblüffenden Leistung kommt noch ein zweites: Vor Herstellung der Rolle sticht der Käfer (wie dies alle Blattrollrüßler tun) mit seinem Rüssel den Blattstiel so weit an, daß die Wasserleitung zur Rolle unterbrochen wird und diese abstirbt. Er tut das, weil die in der Blattrolle sich entwickelnde Larve die abgestorbene, gärende Blattmasse als Nahrung benötigt (Kap. 17). Eine andere Art, der Pappelblattroller *Byctiscus populi* macht es sich einfacher: Er stellt eine das ganze Blatt umfassende Rolle her (Abb. 31).

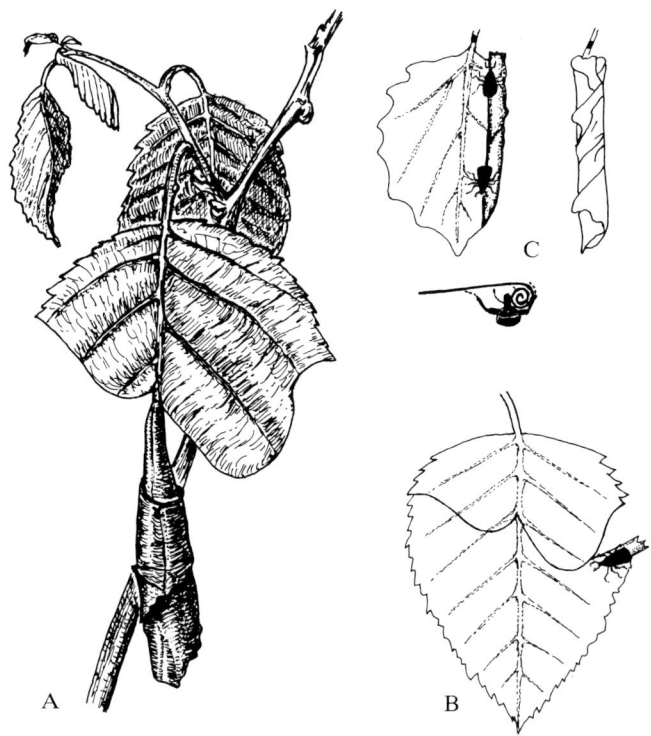

Abb. 31 A. Birkenblattroller *Deporaus betulae*, fertige Blattrolle; B. Käfer bei der Arbeit; C. Pappelblattroller *Byctiscus populi* (B., C. nach DAANJE)

Gallenbildner

Zu den merkwürdigsten Gebilden der lebenden Natur gehören die Gallen. Man versteht darunter alle Sonderbildungen an Pflanzenteilen, die durch chemische Reize von Pilzen oder Tieren verursacht und von den Verursachern als Nahrung genutzt werden, wobei die Tiere sich im Inneren dieser Gallen entwickeln. Mit anderen Worten: Die Pflanzen stellen für ihre Widersacher zweckmäßige Behausungen und Nahrungsstätten her, was so weit gehen kann, daß die Gallen besondere Nährgewebe enthalten, die den herstellenden Pflanzen selbst völlig fremd sind. Man hat hierfür den Ausdruck „fremddienliche Zweckmäßigkeit" geprägt. Gallen können an allen Pflanzenteilen, von den Wurzeln bis zu den Samen, entstehen.

Die drei größten Gruppen von Gallenbildnern mit jeweils mehreren hundert Arten in unseren Wäldern, sind Rostpilze, Gallmilben und Gallmücken. Von ihnen seien die Pilze hier ausgeklammert, weil sie keine geformten Gallen, sondern nur Gewebeverhärtungen (unechte Gallen) hervorrufen. Außer den gallenbildenden Milben und Mücken seien noch die hauptsächlich an Eichen lebenden Gallwespen sowie die Fichtengallenläuse in die Betrachtung einbezogen.

Die Gallmilben (Eriophyidae) sind weit unter 1 mm kleine Spinnentiere. Mit 0,008 mm Länge ist die an Fingerkraut gallenbildende *Eriophyes parvulus* der kleinste bekannte Gliederfüßler überhaupt. Entsprechend leben in einer Galle viele Larven und erwachsene Milben. Besonders Sträucher und Bäume sind reich an

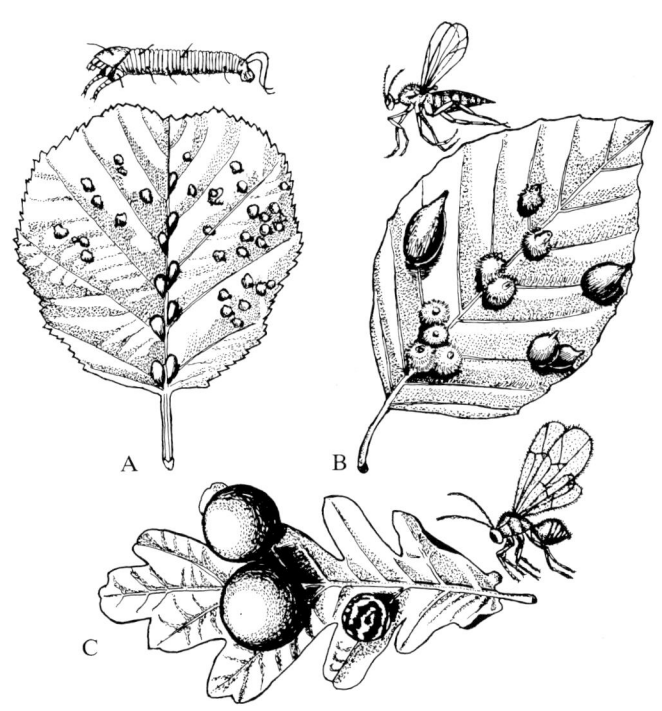

Abb. 32 Blattgallen. A. Gallmilben an Erle: seitliche *Eriophyes laevis*, Mitte *Eriophyes Nalepai*; B. Gallmücken an Buche: seitlich *Mikiola fagi*, Mitte *Oligotrophus annulipes*; C. Gallwespen an Eiche: links *Diplolepis quercus-folii*, rechts *Diplolepis longiventris*. Tiere vergrößert (nach ROSS)

Milbengallen. Vom Ahorn sind 23, von der Erle 15 (Abb. 32 A) und von der Birke 14 Gallenformen bekannt.

Demgegenüber bevorzugen die Gallmücken (Itonididae) krautige Pflanzen als Wirte. Die erste Stelle nimmt das Klebkraut *Galium* mit 33 Gallenformen ein. Doch gibt es sie auch an Bäumen. Abb. 32 B zeigt zwei häufige von Buchenblattgallmücken verursachte Gallenformen.

Die bekanntesten Gallen sind aber wohl die Galläpfel (Abb. 32 C) an Eichenblättern, die von einer der Gallwespen (Cynipidae) hervorgerufen werden. Dreiviertel der etwa 100 mitteleuropäischen Gallwespenarten leben an Eichen. Warum bevorzugen sie wohl diesen Baum? Man vermutet, daß die Larven auf den hohen Gehalt der Eichen an Gerbsäuren angewiesen sind, den auch die Gallen aufweisen. Die Eichengallen wurden ja wegen dieser Stoffe auch früher zum Gerben, Färben und zur Tintenherstellung verwendet.

Was schließlich die Fichtengalläuse (Adelgidae) betrifft, so verursachen sie an Fichtenzweigen erdbeer- oder ananas-ähnliche Gallen (Abb. 33). Schneidet man eine solche Galle auf, zeigen sich zahlreiche Kammern mit Blattläusen. Sobald diese erwachsen sind, trocknet die Galle, platzt auf und gibt die geflügelten Insassen frei.

Samenbewohner

Von den sich im Inneren von Samen entwickelnden Insekten seien ein Käfer und eine Wespe herausgegriffen. Der etwa 1 cm lange Haselnußbohrer *Curculio nucum* ist ein Rüsselkäfer, der mit seinem körperlangen, dünnen und gebogenen Rüssel (Abb. 34 A) die noch weichen Haselnüsse anbohrt und mit je einem Ei

71

Abb. 33 Zweiggallen der Gelben Fichtengallenlaus *Sacchiphantes abietis*, links geschlossen, rechts angeschnitten

belegt. Durch den Fraß seiner Larven kann die Samen-produktion der Haselnußsträucher erheblich beein-trächtigt werden.

Die mit einem Dutzend einheimischer Arten vertrete-nen Samenwespen *Megastigmus* entwickeln sich in den Samen von Nadelbäumen, Rose, Vogelbeere und Wacholder. Die Abb. 34B zeigt, wie gerade eine Rosensamenwespe *M. aculeatus* ihren Entwicklungsort (einen Rosensamen innerhalb der Hagebutte) verläßt.

Pilzbewohner

Welcher Pilzesammler hätte sich nicht schon über die madigen Pilze geärgert! Es sind rund 100 kleine, nicht stechende Pilzmücken-Arten (Fungivoridae), deren Larven sich in den Pilzkörpern entwickeln. Selbst die im Boden verborgenen, als Delikatesse geschätzten Trüffelpilze werden von Insekten aufgesucht, darunter von der Trüffelfliege *Helomyza tuberiperda*, die von ihrem feinen Geruchssinn zu den Trüffelstellen geführt wird. Dort legt sie ihre Eier auf den Waldboden, und die geschlüpften Larven wandern hinab zu den Pilzen. Die Trüffelsammler kennen diese Fliege und lassen sich von ihr die Plätze zeigen, wo sie nach den begehrten Pilzen graben müssen.

Abb. 34 A. Haselnußbohrer *Curculio nucum* (nach JACOBS/RENNER);
B. Aus einem Rosensamen schlüpfende Samenwespe *Megastigmus aculeatus* (nach KURIR)

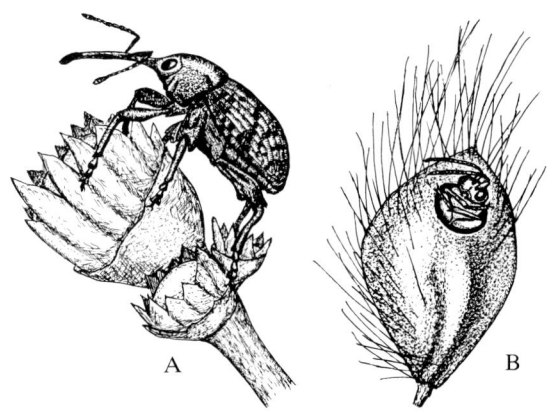

10. Jagd mit Fallen, Waffen und Radar

Beutegreifer

Tierische Gewebe sind leichter verdaulich und energie-reicher als pflanzliche. Das nutzen viele Tiergruppen aus, die sich von anderen Tieren ernähren. Wenn diese lebend überwältigt werden, bezeichnet man sie als Beute und ihre Überwältiger als Beutegreifer (Prädato-ren). Aasfresser dagegen rangieren mit bei den Zersetz-zern (Kap. 21). Nach der Art des Beute-Machens unter-scheiden sich die Jäger von den Fallenstellern.

Jäger

Jagende Tiere können sich zu ihrer Beute hinbewegen (Bewegungsjäger) oder ihr auflauern (Lauerjäger). Die erstgenannte Form der Jagd ist im Tierreich die weitaus häufigere.

Zu den Bewegungsjägern unter den Insekten gehört unser wichtigster Borkenkäferfeind, der schwarz-weiß-rot gefärbte Ameisenbuntkäfer *Thanasimus formica-rius*. Er hat mit seinen raschen Bewegungen und langen Beinen etwas Ameisenhaftes an sich. Stößt er bei seiner Beutesuche auf der Rinde stehender oder liegender Stämme auf einen Borkenkäfer, umarmt er ihn mit den Vorderbeinen und beißt ihm den Kopf ab (Abb. 35). Seine Larve lebt in den Gängen der Borkenkäfer von deren Eiern und Larven.

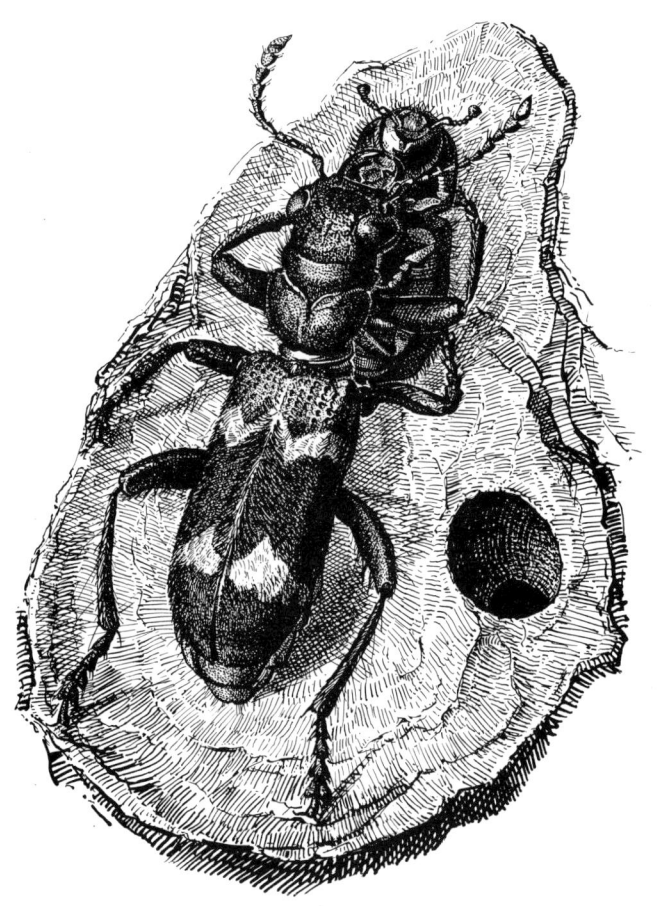

Abb. 35 Ameisenbuntkäfer *Thanasimus formicarius* beim Fraß eines
Borkenkäfers

An Stämmen von stehenden Bäumen erjagen sich die Spechte kletternd ihre Beutetiere, und zwar zumeist Insektenlarven, die unter der Rinde leben. Für ihren Fang entwickelten sie folgende Taktik: Mit seinem kräftigen spitzen Schnabel trommelt der Specht auf eine Stelle der Rinde und erkennt unter ihr am veränderten Klang die Hohlräume mit Insektenlarven. Vor diesem Trommelwirbel weichen die Larven nach der anderen Stammseite aus, womit sie aber gerade das Falsche tun, denn blitzschnell rutscht der Specht auf diese Seite, hackt dort die Rinde auf und frißt die versammelten Larven. Und noch etwas Bemerkenswertes: Falls sich ein Beutetier dadurch retten will, daß es sich fallen läßt, spreizt der Specht rasch seine Bauchfedern und fängt das fallende Insekt mit seiner „Federschürze" auf.

Den Lauf- und Kletterjägern stehen die Flugjäger gegenüber, zu denen die tagaktiven Singvögel sowie die nachtaktiven Eulen und die einzigen flugfähigen Säugetiere, die Fledermäuse, gehören. Letztere bilden mit 21 Arten in Mitteleuropa die artenreichste Säugetiergruppe, doch sind sie leider alle infolge der Landschaftsveränderungen in den letzten Jahrzehnten selten geworden. In Wäldern jagen vor allem der Große und der Kleine Abendsegler. Lange fragte man sich, wie diese Tiere es schaffen, im Dunkeln sich zu orientieren und sogar fliegende Nachtinsekten zu fangen. Als Lösung fand man ein in dieser Form einzigartiges Radarsystem: Die fliegende Fledermaus stößt aus dem offenen Mund etwa 100mal pro Sekunde einen Ultraschallschrei aus, der für das menschliche Ohr nicht hörbar ist. Die Schallwellen werden im Umkreis von etwa 20 Metern von

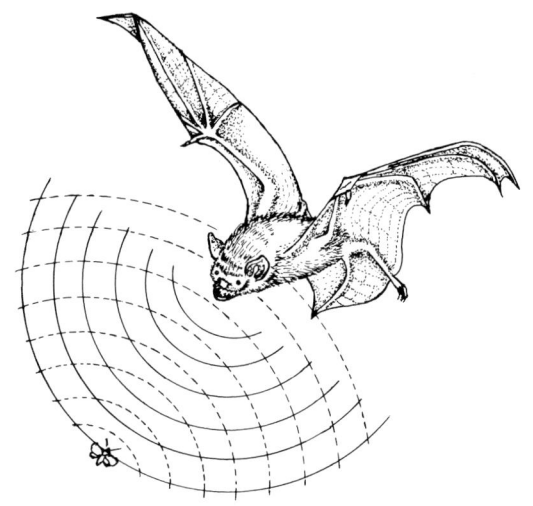

Abb. 36 Schema einer fliegenden Fledermaus mit Ultraschall-Ortung
(nach ECKERT)

allen Gegenständen, auch den kleinsten fliegenden
Insekten zurückgeworfen (Abb. 36) und von den großen Ohren der Fledermaus aufgefangen. Jede Art hat
natürlich ihre eigene Ultraschall-Frequenz. Die Tiere
merken sich offenbar bestimmte Teile ihrer „Gehör-
landschaft", an denen sie sich orientieren, um zu ihrer
Tagesschlafhöhle zurückzufinden.
Daß innerhalb einer engeren Gruppe von Beutegreifern
selbst die Art der Beute sowie die Fangtechnik sehr
verschieden sein können, zeigen unsere drei häufigsten
Schlangenarten. Die Ringelnatter greift ihre Haupt-
beute, den Grasfrosch, mit dem Mund, hält ihn mit
ihren kleinen Hornzähnen fest und würgt ihn hinunter.
Die Schlingnatter umschlingt mit ihrem Körper eine

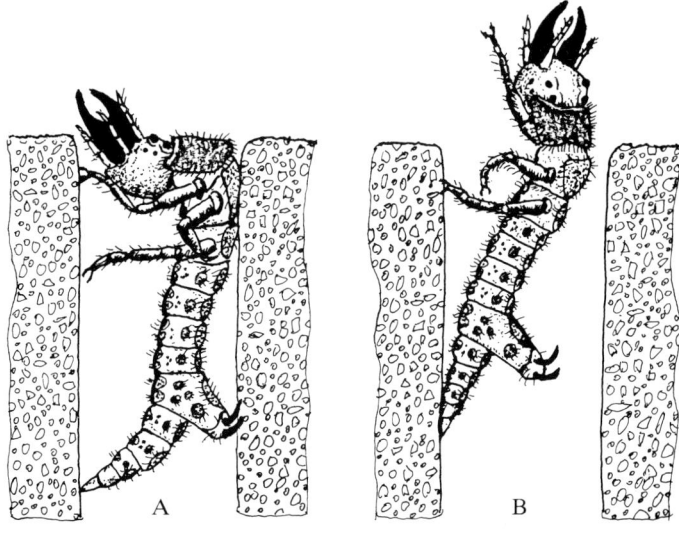

Abb. 37 Larve des Fluglaufkäfers *Cicindela*: A. in Erdröhre lauernd,
B. aus der Röhre herausschnellend (nach JACOBS/RENNER)

Eidechse und zerbricht ihr die Wirbelsäule. Und die
Kreuzotter stößt ihren Giftzahn in die Maus; dann folgt
sie ohne Hast „züngelnd" der Geruchsspur der enteilen-
den Beute, die aber nicht weit kommt, weil sie tödlich
vergiftet ist.

Das alles waren Bewegungsjäger. Ein Lauerjäger ist die
Larve des buntschillernden Waldfluglaufkäfers *Cicindela silvatica*. Die Käferlarve sitzt in einer selbstgegra-
benen Erdröhre, deren Eingang sie mit ihrem platten,
kreisrunden Kopf wie mit einem Deckel abschließt.
Wehe dem Insekt oder Spinnentier, das auf diesen
„Deckel" tritt! Mit einem Ruck schnellt die Käferlarve
halb aus der Röhre und packt die Beute mit ihren
großen Kieferzangen (Abb. 37).

Auch einige Wolfsspinnen (Lycosidae), deren Körper (ohne Beine) 1,5 cm lang werden kann, sind Lauerjäger, im Gegensatz zum Gros der etwa 400 Waldspinnen-Arten, die entweder Laufjäger oder Fallensteller (Netzebauer, s. u.) sind. In der Abb. 38 ist eine Wolfsspinne dargestellt, die am Eingang ihrer Wohnröhre auf vorbeikommende Beute lauert.

Abb. 38 Wolfsspinne *Arctosa perita* im Eingang der Wohnröhre auf Beute lauernd (nach KAESTNER)

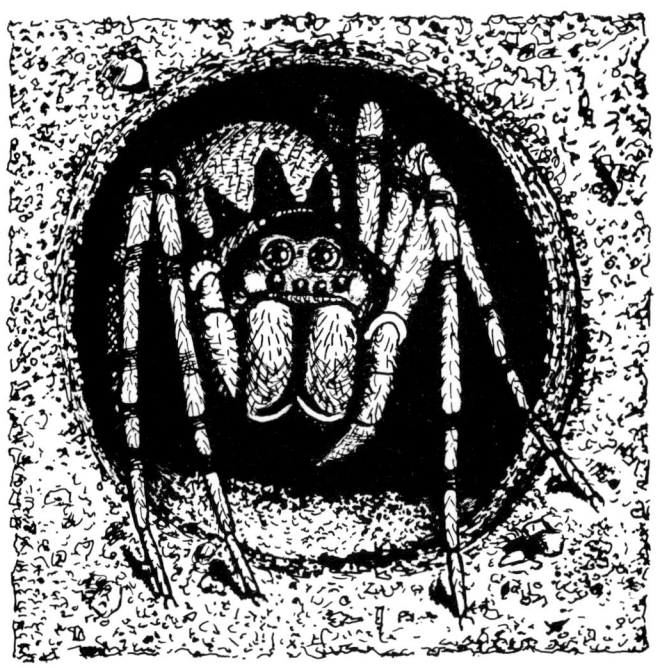

79

Fallensteller

Als „Fallen" bezeichnet man von Beutegreifern gefertigte Fangvorrichtungen. Die soeben genannte *Cicindela*-Larve gräbt zwar eine Erdröhre, doch fällt das Beutetier nicht in diese hinein, sondern wird außerhalb ergriffen. Anders beim Ameisenlöwen, wie man die Larve der libellenähnlichen Ameisenjungfer *Myrmeleon formicarius* nennt. Sie baut die bekannten Trichter im Sandboden zumeist von Kiefernwäldern und wartet, eingegraben am Grunde, auf Beute. Ein in den Trichter gerutschtes Insekt, meist eine Ameise, wird beim Versuch, die Trichterwand emporzuklimmen, vom Amei-

Abb. 39 Ameisenjungfer *Mymeleon formicarius*:
     A. Larve am Grunde der Trichterfalle,
     B. fertiges Insekt   (nach JACOBS/RENNER)

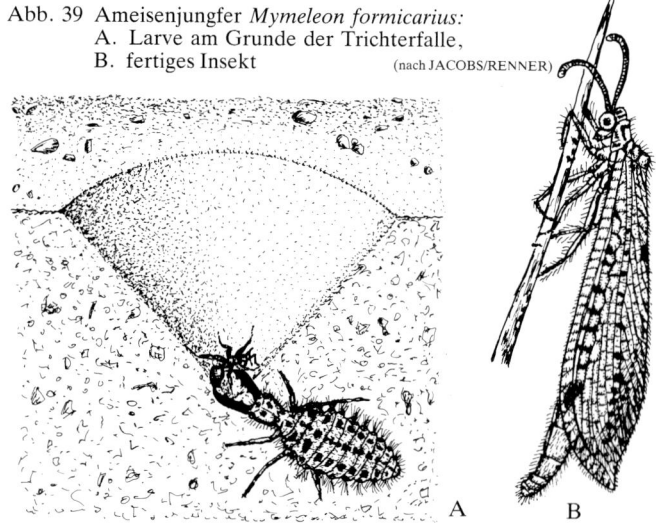

Abb. 40 Mattennetz einer Deckennetzspinne, *Linyphia*. Über dem
Netz die Stolperfäden

senlöwen mit Sandfontänen zum Trichtergrund herun-
tergeholt (Abb. 39) und dort ergriffen.

Die weitaus häufigsten und formenreichsten Fallen sind
die Spinnennetze. Es würde hier zu weit führen, sie
auch nur einigermaßen vollständig zu betrachten.
Wahre Präzisionswerke sind die bekannten großen Rad-
netze unserer Kreuzspinnen. Anderen Bauprinzipien
folgen die Röhren-, Trichter- und Mattennetze. Letztere bestehen aus einer waagerechten klebrigen Faden-
Matte, über welcher sich ein Gewirr von Stolperfäden
erhebt (Abb. 40). Das fliegende Insekt gerät in die
Stolperfäden und fällt auf die klebrige Matte, wo es von
der Spinne erwartet wird.

11. Fastenkünstler und falsche Gäste

Ernährungsparasiten

Parasiten (Schmarotzer) sind Pflanzen oder Tiere, die andere Pflanzen oder Tiere zu eigenem Vorteil ausnutzen, ohne ihnen eine Gegenleistung zu bieten. Dabei hat sich eingebürgert, Mikroorganismen, Protozoen und niedere Pilze nicht als Parasiten, sondern als Krankheitserreger zu bezeichnen (siehe dort). Hier soll uns nur der Parasitismus im Zusammenhang mit der Ernährung interessieren. Den Brutparasitismus werden wir im Kap. 17 kennenlernen.

Parasitische Pflanzen

Wenn Pflanzen zwar Blattgrün besitzen und sich damit wie alle grünen Pflanzen autotroph ernähren, aber außerdem, quasi als Zubrot, anderen Pflanzen Nährstoffe entziehen, spricht man von Halbschmarotzern. Zu ihnen gehört die Mistel *Viscum album*, deren wintergrüne Zweige mit den schönen weißen Beeren als Glücksbringer gelten. Sie siedelt sich auf Laub- und Nadelbäumen an und holt sich aus deren Ästen mit Hilfe von wurzelähnlichen Senkern (Abb. 41 A) Wasser und gelöste Nährstoffe. Auch die in Wäldern häufigen, gelbblühenden Wachtelweizen-Arten *Melampyrum* sind Halbschmarotzer. Ihre Zusatznahrung gewinnen sie aus den Wurzeln von Sträuchern und Bäumen.

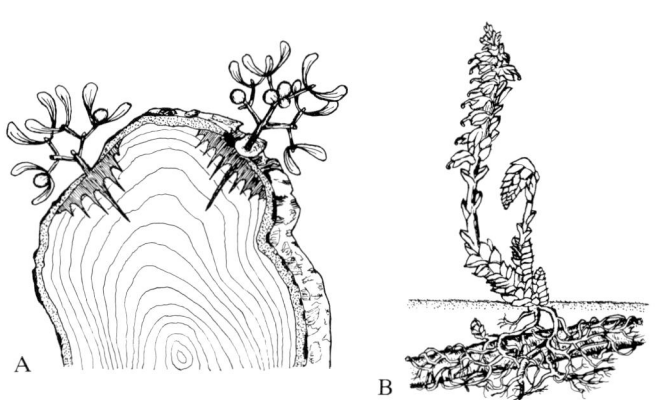

Abb. 41 A. Mistel *Viscum album*,
B. Schuppenwurz *Lathraea squamaria* (nach BUTIN)

Auffällige Ganzschmarotzer-Pflanzen, ohne Blattgrün, sind einige spargelähnlich geformte und gefärbte, aus dem Waldboden ragende Pflanzen, die die Wurzeln verschiedener Waldpflanzen anzapfen: die Schuppenwurz *Lathraea squamaria* bei Bäumen und Sträuchern (Abb. 41 B), die Sommerwurz-Arten *Orobanche* bei Ginster und Kräutern sowie der Fichtenspargel *Monotropa hypopitys* bei Pilzen. Aus oberirdischen Pflanzenteilen gewinnen dagegen die Seiden *Cuscuta* ihre Nahrung. Wie der Name sagt, umranken sie als dünne Fäden ihre Wirtspflanzen, zu denen Kleearten, Heidekraut, Pappeln und Weiden („Weidenwürger") gehören.
Ein Kuriosum unter den parasitischen Pflanzen ist ein Hutpilz, der Schmarotzerröhrling *Boletus parasiticus*,

der sich auf dem Kartoffelbovist ansiedelt. Hier schmarotzt also ein Pilz beim anderen.

Parasitische Tiere

In erstaunlich großer Artenzahl gewinnen Tiere ihre Nahrung aus dem Körper anderer Tiere, bei denen sie als Außen- oder Innenparasiten schmarotzen.

Wohl jeder hat schon mit Stechmücken und Bremsen unliebsame Bekanntschaft gemacht. Auch viele Waldtiere leiden unter diesen Blutsaugern. Aber nicht von ihnen soll hier die Rede sein, sondern von einigen anderen Vertretern der Außenparasiten, den Zecken und Flöhen.

Die den Milben verwandten Zecken sind mit 40 Arten in Mitteleuropa verbreitet. Manche sind Spezialisten, die nur bei einer Wirtsart saugen, wie die Waldkauz- oder die Schermauszecke. Andere haben einen größeren Wirtskreis, allen voran der Holzbock *Ixodes ricinus*, der von der Eidechse bis zum Hirsch alle Landwirbeltiere und auch den Menschen befällt. Sein Name rührt wohl daher, daß er steif wie ein Stück Holz aus der Wirtshaut herausragt. In den letzten Jahren ist er als Überträger der Sommergehirnhautentzündung (Meningo-Encephalitis) des Menschen bekannt geworden. Gegen diese Krankheit, die zu Sehstörungen und Lähmungen, vereinzelt sogar zum Tod führen kann, ist ein Impfstoff entwickelt worden. Wer beruflich in Wäldern zu tun hat oder oft von den Waldwegen abweicht, sollte an eine vorbeugende Impfung denken. Allerdings ist die Krankheit noch nicht überall hin vorgedrungen. Die Gesundheitsämter geben hierüber Auskunft.

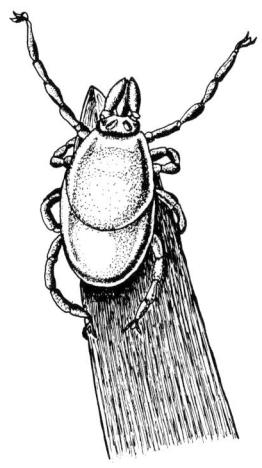

Abb. 42 Auf einen Wirt wartende Zeckenlarve *Ixodes* (nach KAESTNER)

Der Holzbock ist dreiwirtig, das heißt, in seiner Entwicklung an 3 Wirtstiere gebunden. Die Larven schlüpfen aus den am Waldboden abgelegten Eiern, klettern an Pflanzen hoch (Abb. 42) und warten, bis sie sich an ein vorbeikommendes Wirbeltier oder einen Menschen anheften können. An einem solchen Erstwirt saugt die Larve Blut und wächst ein Stück, um sich dann wieder fallen zu lassen und auf dem Boden zur Nymphe zu häuten. Die Nymphe muß nun auf die gleiche Weise einen Zweitwirt finden, an dem sie saugt und den sie vor der Häutung wieder verläßt. Von den nach der Nymphenhäutung entstandenen erwachsenen Zecken müssen die Weibchen auf einen Drittwirt gelangen, denn sie benötigen zur Reifung ihrer Eier eine Blutmahlzeit.

Die Chancen für eine Zecke, in ihrem Leben auf alle 3 Wirte zu gelangen, sind sehr gering. Die meisten warten vergebens und verhungern. Daher legt das Weibchen eine große Zahl (beim Holzbock 3 000, bei anderen Zecken sogar bis 15 000) Eier ab, um die hohe Sterblichkeit auszugleichen. Außerdem haben die Zekken ein fast unglaubliches Hungervermögen entwickelt. Larve und Nymphe des Holzbocks können 2 Jahre, das erwachsene Weibchen sogar 3 Jahre lang hungernd auf ein Wirtstier warten, woraus sich im ungünstigsten Fall eine siebenjährige Entwicklungszeit ergibt.

Die Flöhe haben es da viel einfacher. Ihre Larven entwickeln sich in den Nestern von Vögeln und Säugetieren, wo sie sich von Kot und anderen organischen Abfällen ernähren. Die erwachsenen Flöhe springen dann von Zeit zu Zeit an ihren Wirt, um ihm Blut abzuzapfen. Ihre Wirtsbindung ist nicht sehr ausgeprägt. Bei Versuchen ließen sich 40 der 70 mitteleuropäischen Floharten mit Menschenblut ernähren. Die meisten Arten finden sich bei den Kleinsäugern, vor allem bei Maulwurf, Igel und Mäusen. Mit fast 6 mm Länge ist der Maulwurffloh *Hystrichopsylla talpae* unsere größte Art. Bei starker Vermehrung können Flöhe vor allem bei Vögeln gefährlich werden. So fand man einmal in einem Nistkasten sämtliche Jungvögel der Kohlmeise tot. Als man den Kasten mit einem Insektizid-Spray ausgesprüht und dadurch alle Insekten abgetötet hatte, zählte man im Nest mehr als 2 200 Flöhe.

Bei „Innenparasiten" denkt man sofort an Würmer. Und in der Tat beherrschen die Saug-, Band- und

Fadenwürmer die Innenparasiten-Szene eindeutig. Schon in Insekten können Würmer schmarotzen, doch bilden die Wirbeltiere ihr Hauptbetätigungsfeld. Sie sind entweder einwirtig, also nicht an einen Wirtswechsel gebunden, oder machen in ihrer Entwicklung einen regelrechten Wechsel zwischen 2 oder gar 3 verschiedenartigen Wirten durch.

Einwirtig sind viele Faden- oder Rundwürmer (Nematodes). Unter ihnen können die etwa 3 cm langen und zwirnsfadendünnen Magenwürmer *Haemonchus* bei Rehen und Hirschen in großen Mengen vorkommen und zu Gesundheitsstörungen führen. Ihre Eier gelangen mit der Wildlosung auf den Waldboden, und die aus den Eiern schlüpfenden Larven kriechen in der Morgen- und Abenddämmerung, also dann, wenn die Rehe und Hirsche äsen, an Grashalmen hoch. Sie werden dann vom äsenden Wild mitsamt dem Gras aufgenommen.

Auch die nur wenige Millimeter große Trichine *Trichinella spiralis* ist ein einwirtiger Fadenwurm. Er schmarotzt vor allem in Fuchs, Dachs, Marder, Iltis und Wildschwein. Die weiblichen und männlichen Würmer kopulieren im Wirtsdarm (Darmtrichinen), worauf ein Weibchen etwa 1 500 lebende Junge gebiert. Diese wandern – im selben Wirt – über die Blutbahn zu verschiedenen Muskeln und setzen sich in ihnen fest (Muskeltrichinen). Die Verbreitung des Wurmes erfolgt, wenn das Fleisch (die Muskulatur) eines „trichinösen" Tieres von einem anderen gefressen wird. In dessen Darm wachsen dann die Muskeltrichinen wieder zu Darmtrichinen, also zu geschlechtsreifen Tieren heran. Auch der Mensch kann durch Verzehr von nicht durchgekochtem (und nicht vom Trichinenbeschauer geprüftem) Wildschweinfleisch sich mit Trichinen infizieren. Die sich in seinen Muskeln festsetzenden Würmer können zu rheumaähnlichen Beschwerden, in manchen Fällen (bei Befall der Atem- oder Herzmuskeln) sogar zum Tode führen. Beim Menschen ist die Trichine natürlich in eine Sackgasse geraten, da sie ja von hier aus nicht weiter verbreitet werden kann.

Als ein zweiwirtiger Fadenwurm sei der Amselspulwurm *Porrocaecum ensicaudatum* genannt. Seine mit dem Amselkot ausgeschiedenen Eier entwickeln sich im Regenwurm zu Larven, die nach Fraß des Regenwurms wieder in einer Amsel zu geschlechtsreifen Spulwürmern heranwachsen.

Doppelwirt-Parasiten sind auch alle Bandwürmer *Cestodes*. Im Darm des Hauptwirtes sitzt der erwachsene Bandwurm, der am Körperende laufend zwittrige, also mit männlichen und weiblichen Geschlechtsorganen versehene und mit befruchteten Eiern vollgestopfte Glieder in den Kot entläßt. Nimmt ein als Zwischenwirt geeignetes Tier mit verunreinigter Nahrung solche Eier auf, schlüpfen in seinem Darm die Bandwurmlarven, die in verschiedene Gewebe wandern und sich dort als „Finnen" einkapseln.

Erst wenn finnen-haltiges Fleisch von einem Wirbeltier oder Menschen verzehrt wird, entwickelt sich in seinem Darm wieder der geschlechtsreife Bandwurm. Haupt- und Zwischenwirte von Bandwürmern können alle Wirbeltiere und der Mensch sein, wobei allerdings jede Bandwurmart ihren eigenen Wirtskreis hat. Manche Bandwürmer werden nur wenige Millimeter, andere mehrere Meter lang. Zu den kleinen Arten gehört der Fuchsbandwurm *Echinococcus multioculatus*, der in einigen Gebieten (z. B. in der Schwäbischen Alb) gehäuft auftritt. Nicht für den Hauptwirt Fuchs, sondern für den Zwischenwirt, darunter den Menschen, der mit verunreinigten Pilzen oder Beeren die Eier aufnehmen kann, ist dieser Wurm gefährlich. Seine Ruhelarve (Finne) bildet in der Leber und anderen Organen tumorartige Geschwülste, die beim Menschen herausoperiert werden müssen.

Mit den Saugwürmern (Trematodes) erreicht der Wirtswechsel der parasitischen Würmer seinen Höhepunkt. Noch mit zwei Wirten begnügt sich der besonders interessante Singvogel-Saugwurm *Leucochloridium*, der geschlechtsreif im Darm von Singvögeln lebt. Zwischenwirt ist eine kleine Bernsteinschnecke, *Succinea*. In ihr kriechen die Saugwurmlarven in die Augenstiele, die daraufhin stark anschwellen. Durch Bewegungen der Larven führen die Augenstiele Zuckungen aus, die den Vogel an Insektenlarven erinnern. Er beißt daher die Augenstiele der Schnecke mit den darin sitzenden Saugwurmlarven ab (Abb. 43).

Als Vertreter der dreiwirtigen Parasiten sei der Marder-Saugwurm *Istmiophora melis* gewählt, von dem besonders der Iltis befallen wird. Das kommt nicht von ungefähr, denn Iltisse lieben Frösche als Nahrung, und Frösche gehören zu den Zwischenwirten des Saugwurms. Aus den mit dem Iltiskot ausgeschiedenen Eiern schlüpfen im Wasser bewimperte Larven, welche in Wasserschnecken eindringen und dort geschwänzte Larven hervorbringen. Man nennt diese seltsame Vermehrungs-

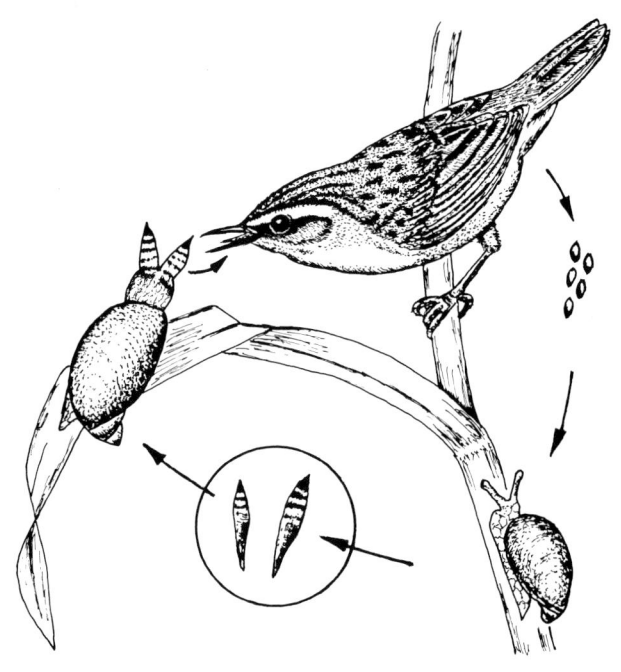

Abb. 43 Entwicklungsgang des Singvogel-Saugwurms *Leucochloridium*

(nach OSCHE. veränd.)

form, daß bereits Larven, also unreife Tiere, Junge bekommen, „Pädogenese". Die geschwänzten Larven dringen in Frösche ein, die schließlich vom Iltis gefressen werden (Abb. 44).

Zu den relativ wenigen nicht wurmartigen Innenparasiten gehören die bei Rehen und Hirschen schmarotzenden Dasselfliegen (Oestridae). Die dicht behaarten, wie

kleine Hummeln aussehenden Fliegen schleudern ihre
Eier im Fluge in die Nasenlöcher (!) des Wildes
(Rachendasselfliegen, *Cephenomyia*) oder kleben sie an
den Bauch des Wirtstieres (Hautdasselfliegen, *Hypo-
derma*). Im ersten Fall besiedeln die Fliegenlarven die
Nasen- und Rachenschleimhaut, was sich bei den befal-
lenen Tieren durch häufiges Niesen und Husten

Abb. 44 Entwicklungsgang des Iltis-Saugwurms *Isthmiophora melis*
(nach DÖNGES, veränd.)

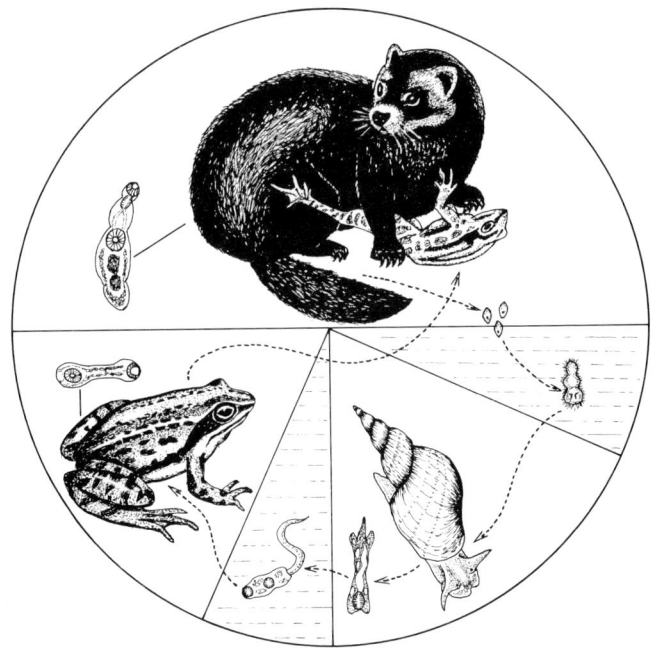

bemerkbar macht, bis die reifen Larven sich aushusten lassen und im Waldboden verpuppen. Im zweiten Fall wandern die Fliegenmaden durch die Bauchhaut in den Körper und durch diesen hindurch, bis sie sich in der Rückenhaut festsetzen, wobei sie jeweils ein kleines Luftloch zum Atmen freihalten. Die Haut reagiert an diesen Stellen mit beulenartigen Anschwellungen (Dasselbeulen).

12. Viehzucht und Drogensucht

Ernährungs-Symbiosen

Partnerschaften mit anderen Organismen zu gegenseitigem Ernährungsvorteil findet man bei einheimischen Waldtieren in vier verschiedenen Formen, die sich mit den Ausdrücken: Verdauungshilfe, Pilzzucht, Viehzucht und Drogensucht umschreiben lassen.

Als Verdauungshelfer betätigen sich einzellige Organismen im Körper vieler Insekten sowie beim wiederkäuenden Wild. Da hier der kleine Partner sich im Körper des größeren befindet, spricht man von Innen-(Endo-) Symbiose. Unter den Insekten findet man sie vor allem bei solchen Arten, die sich einseitig von Blut, Pflanzensäften oder Holz ernähren. Die Symbionten sind Bakterien und Hefepilze, die von den Insekten ihre Nahrung beziehen und ihnen dafür bestimmte Verdauungs-Wirkstoffe liefern. Die Insekten stellen ihren Symbionten eigene kleine Organe (Mycetome) als Wohnungen zur

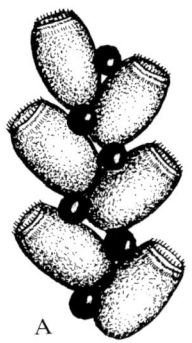
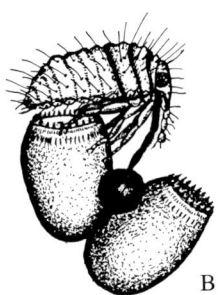

Abb. 45 Endosymbionten der Buckelwanzen *Coptosoma*. A. Symbionten-Häufchen zwischen den Eiern; B. soeben geschlüpfte Wanzenlarve nimmt die Symbionten auf

(nach JACOBS/RENNER)

Verfügung. Es gibt Zikaden, die bis zu 4 verschiedene Symbiontenarten in ebenso vielen Spezialorganen beherbergen. Noch erstaunlicher aber ist ihre Übertragung auf die Nachkommen: Entweder wandern die Symbionten zum Eierstock des Wirtes und werden mit den Eiern weitergegeben, oder sie versammeln sich in einer Symbiontenspritze, mit der das Insekt während der Eiablage jedes Ei bespritzt. Dabei wird der Symbionten-„Klecks" entweder dort auf das Ei plaziert, wo die schlüpfende Insektenlarve die Eihülle durchfrißt oder er wird an anderer Stelle von der geschlüpften Larve ausgesaugt (Abb. 45).

Auch die wiederkäuenden Huftiere, im Wald also das Reh und die Hirscharten, haben in ihrem Magen und Darm Verdauungs-Symbionten und zwar einzellige

Tiere aus der Klasse der Wimpertierchen (Ciliata). Diese machen mit ihren Fermenten für ihre Wirte die Zellulose in der Pflanzennahrung verdaubar. Sie haben ihren Platz in besonderen Magenabteilungen, dem Pansen und Netzmagen, aus denen das Wirtstier die vorverdaute Nahrung zum Wiederkäuen hochbefördert und danach zur Endverdauung in den Blätter- und Labmagen leitet.

Die Zucht von Pilzen erscheint uns als menschliche Errungenschaft, wurde jedoch schon Millionen von Jahren vor uns von vielen Insekten entwickelt. In unseren Wäldern sind es die holzverzehrenden Wespen (Siricidae), Bohrkäfer *Hylecoetus* und Borkenkäfer (Ipidae). Von ihnen wollen wir den häufigen Gestreiften Nutzholzborkenkäfer *Xyloterus lineatus* als Beispiel wählen. Sein Weibchen bohrt senkrecht in den Stamm geschwächter oder abgestorbener Nadelbäume einen Gang mit abzweigenden Bruträhren und legt in die letzteren seine Eier ab. Gleichzeitig beschmiert es die Gangwände mit kleinen Stücken von Pilzfäden, die sich zu einem Pilzrasen auswachsen und den Borkenkäferlarven als Nahrung dienen. Die Übertragung des Pilzes geschieht dadurch, daß jeder der im Herbst entstandenen Jungkäfer einige Pilzfäden in seinen Magen aufnimmt und nach der Winterruhe bei Anlage der neuen Brutgänge erbricht.

Während die soeben genannten Partnerschaften zwischen Tieren und Verdauungshelfern bzw. Pilzen unseren Blicken verborgen bleiben, spielt sich die Symbiose zwischen Ameisen und Blattläusen in den meisten Fällen vor unseren Augen ab (Abb. 46). Viele der Pflan-

94

zensäfte saugenden Insekten, allen voran die Blattläuse, auf die wir uns hier beschränken wollen, nehmen mit dem Pflanzensaft weitaus mehr Zucker (Transportzucker der Pflanze) auf, als sie benötigen, und scheiden daher einen Teil davon aus ihrem Darm ungenutzt wieder aus. Von solchen süßen Tröpfchen sind oft die Pflanzen wie mit Tau bedeckt, weshalb man hier von „Honigtau" spricht. Für die erwachsenen Ameisen ist der Honigtau die wichtigste Nahrungsquelle, während die Ameisenlarven mit Beutetieren gefüttert werden (Kap. 19). Um an den begehrten süßen Saft heranzukommen, bilden vor allem unsere Roten Waldameisen oft regelrechte „Straßen" aus, die zu Bäumen mit starkem Blattlaus-Besatz führen. Die Symbiose besteht darin, daß die Blattläuse ihre süßen Darmausscheidungen den Ameisen liefern und diese dafür gleich zwei Gegenleistungen erbringen. Zum einen schaffen sie durch die Zuckersaftentnahme den Blattläusen optimale Lebens- und Entwicklungsbedingungen, denn ohne diese Säuberung würden sich rasch Pilze auf dem Honigtau ansiedeln und die Blattlauskolonien überwuchern und vernichten – und zum anderen verteidigen die Ameisen ihre Symbiose-Partner vor Marienkäfern, Schlupfwespen und anderen Feinden.

Man kann die Ameisen/Blattlaus-Symbiose durchaus im übertragenen Sinn als „Viehzucht" und die Blattläuse als „Milchkühe" der Ameisen bezeichnen. Denn wie der Mensch seine Milchkühe pflegt, bewacht und von ihnen eine wichtige Nährflüssigkeit gewinnt, tun das im Prinzip auch die Ameisen mit ihren Blattläusen. Ja, einige Ameisenarten bauen den Läusen sogar regelrechte

Abb. 46 Knotenameisen, *Myrmicinae*, beim Blattlaus„melken"

„Ställe" aus einem Mörtel aus Speichel und Erde, damit
sie besser geschützt sind. Und manche Blattlausarten
zeigen auch bereits deutliche Haustier-(Domestika-
tions-)Erscheinungen: Sie haben ihr natürliches Verhalten geändert und sind ohne Ameisen nicht mehr lebens-
fähig. Ihre Eier werden im Herbst von den Ameisen in
deren Nest getragen und dort in besonderen Kammern
überwintert. Im Frühjahr transportieren dann die
Ameisen die geschlüpften Läuse auf deren Nährpflan-
zen. Hier haben also Insekten im Zusammenhang mit
der Staatenbildung (Kap. 19) Verhaltensweisen entwik-
kelt, die Millionen Jahre später auch der Mensch erwarb
und die von ihm – dank seiner Vernunft – auf eine
höhere Ebene gebracht wurden.

Bei Ameisen gibt es aber noch eine ganz andere Form der Ernährungs-Symbiose, die man als „Drogensucht" bezeichnen könnte. Ihre Partner sind dabei Käfer der Gattungen *Atemeles* und *Lomechusa* (Staphylinidae), die sie in ihren Nestern beherbergen. Diese Käfer besitzen auf ihrem Rücken kleine Haarbüschel (daher auch „Büschelkäfer"), an deren Grund eine Flüssigkeit ausgeschieden wird, auf welche die Ameisen ganz versessen sind (Abb. 47). Es gilt als sicher, daß es sich dabei um ein reines Genußmittel, eine Art „Droge" handelt. Als Gegenleistung geben die Ameisen den Käfern und deren Larven etwas von ihrer Nahrung ab und überlassen ihnen darüber hinaus einen Teil ihrer Brut (!) zum Fraß. Bezeichnend ist, daß die Ameisen bei Gefahr zuerst diese Käfer und danach erst ihre eigene Brut retten. Wenn die Büschelkäfer sehr zahlreich vorkommen, wie nicht selten bei unseren Roten Waldameisen, können sie zu einer ernsten Gefahr für die Erhaltung des Ameisenstaates werden.

Abb. 47 An den Haardrüsen eines Büschelkäfers *Lomechusa* leckende Ameise

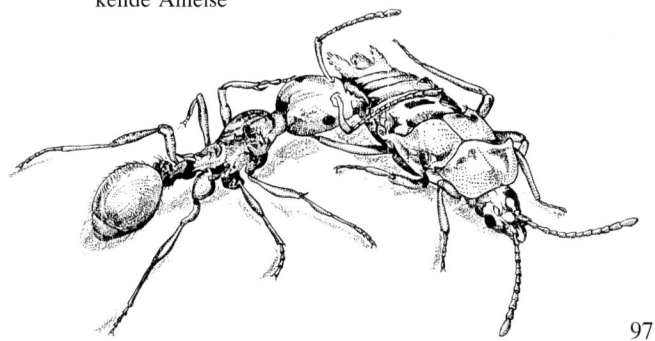

13. Mit Drillbohrer und Sägebauch

Raubparasiten

Auffallend viele Insektenarten, vornehmlich die Schlupfwespen (Ichneumonoidea) und die Schlupffliegen (Tachinidae) stehen in ihrer Ernährung zwischen den Räubern und den Parasiten und werden daher Raubparasiten (Parasitoiden) genannt. Räuberisch ist an ihnen, daß sie ihr Opfer töten, wenn auch nicht sofort, sondern mit Verzögerung, und parasitisch ist, daß sie sich im (seltener am) Körper des Wirtstieres entwickeln und für diese Entwicklung nur ein einziges Wirtstier benötigen, während der Räuber während seiner Entwicklungszeit stets mehrere Beutetiere verzehrt. In Mitteleuropa haben etwa 3 500 Schlupfwespen- und 500 Schlupffliegen-Arten die raubparasitische Lebensweise erworben. Sie bilden durch ihre große Zahl und rasche Generationsfolge besonders wichtige Regulatoren im Ökosystem (Kap. 25), und der Forstmann schätzt sie als Schädlingsfeinde hoch ein.

In unseren Wäldern gibt es Schlupfwespenarten von nur 1 mm und solche von 70 mm (davon 35 mm Legebohrer) Länge. Die kleinsten Formen schmarotzen in Insekteneiern: Ihr Weibchen sticht mit seinem Legebohrer das Ei z. B. eines Schmetterlings an und legt in dieses sein eigenes winziges Ei hinein. Die Schlupfwespenlarve frißt nun das Innere des Schmetterlingseies fast vollständig auf. Eines Tages schlüpft dann aus der Eischale nicht eine Raupe, sondern eine winzige Wespe.

Das Gros der Schlupfwespen ist etwas unter oder über 1 Zentimeter groß und findet seine Wirte unter den Larven, Puppen oder fertigen Tieren der verschiedensten Insektengruppen (Abb. 48). Kurz bevor die im Körper des Wirtsinsektes sich entwickelnde Schlupfwespenlarve erwachsen ist, stirbt das Insekt ab. Die erwachsene Wespenlarve verpuppt sich sodann inner- oder außerhalb des toten Wirtes, zumeist in einem Kokon. Wenn viele Larven einer kleinen Schlupfwespenart sich im Inneren einer größeren Raupe entwickeln und diese nach deren Tod verlassen, um sich zu verpuppen, ergibt sich ein Bild, dem man oft im Wald begegnet: Auf einer toten Raupe türmen sich viele kleine weiße oder gelbe Schlupfwespen-Kokons. Eine andere Form der Verpuppung zeigt die Abb. 49: Hier haben mehrere Schlupf-

Abb. 48 Schlupfwespen bei der Eiablage. A. *Trichogramma evanescens* in Kiefernspanner-Ei, B. *Banchus femoralis* in junge Forleulenraupe, C. *Pygostolus falcatus* in Rüsselkäfer

(B. nach GRASSÉ. C. nach GRZIMEK)

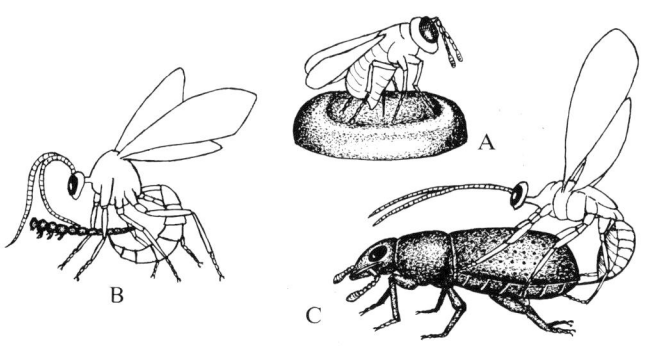

Abb. 49 Schlupfwespen-Puppen der Gattung *Eulophus*, um den toten
Wirt herum angeordnet

wespenlarven ihren toten Wirt, eine Raupe, verlassen
und sich kreisförmig um diesen herum verpuppt, und
zwar ohne Kokonbildung.
Die bis 7 cm langen Riesenschlupfwespen *Rhyssa* und
Megarhyssa sind Raubschmarotzer bei Holzwespen
(Tremex-) Larven, die im Inneren von Stämmen bohren. Das Weibchen reckt seinen Hinterkörper steil nach
oben (Abb. 50), um den drillbohrer-ähnlichen Legestachel senkrecht in den Baumstamm oder -stumpf hinein-
zutreiben. Sie trifft zielsicher eine im Stamminneren
bohrende Holzwespenlarve und legt ein Ei auf sie ab.
Die Schlupfwespenlarve frißt ihren Wirt langsam von

außen her auf, und die fertige Schlupfwespe muß sich durch den von der Holzwespenlarve hergestellten, mit Bohrmehl verstopften Gang ins Freie hinausarbeiten. Bisher ist nicht geklärt, wie die ihr Ei ablegende Schlupfwespe das Wirtstier, die Holzwespenlarve, durch mehrere Zentimeter Holz hindurch ortet.

Längst nicht so artenreich wie die Schlupfwespen, aber biologisch nicht weniger interessant, sind die Schlupf-fliegen mit der Hauptfamilie Tachinidae. Diese wie Stubenfliegen aussehenden Raubparasiten besitzen kei-

Abb. 50 Riesenschlupfwespe der Gattung *Megarhyssa* beim Anstich einer Holzwespen-(*Tremex*-)Larve (nach BACHMAIER)

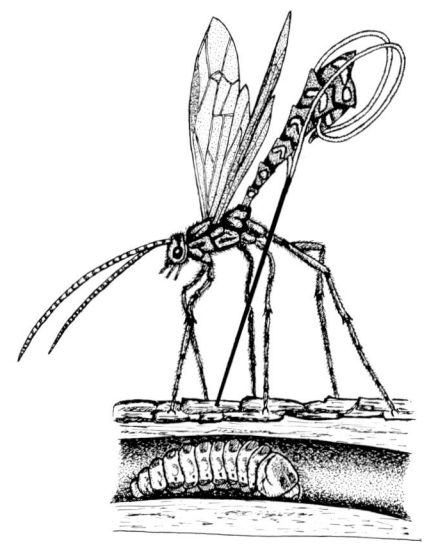

nen Legestachel und mußten sich daher bezüglich ihrer Eiablage etwas anderes einfallen lassen. Viele kleben ihr Ei einfach an den Wirt. Die Fliegenlarve frißt dann von außen oder dringt in den Wirt ein. Weit umständlicher geht es bei der Engerlings-Tachine *Dexia rustica* zu: Sie verstreut ihre Eier auf dem Erdboden, und die daraus schlüpfenden Fliegenlarven müssen in den Boden hineinwandern und dort nach Engerlingen (Blatthornkäferlarven) suchen. Hat eine Larve einen

Abb. 51 Rüsselkäfer-Schlupffliege *Rondania dimidiata* bei der Ablage eines Eies in den Mund des Rüsselkäfers *Brachyderes incanus* (nach ESCHERICH)

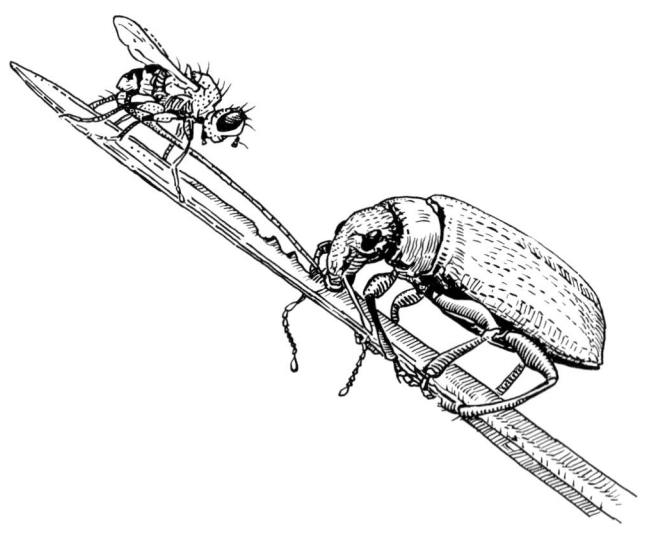

Engerling, z, B. des Waldmaikäfers, aufgespürt, dringt sie durch eine der Atemöffnungen in seinen Körper ein. Eine aggressive Form der Eiablage finden wir bei der Sägebauch-Tachine *Blondelia nigripes*: Sie fliegt an eine Raupe heran, schlitzt ihr im Flug mit ihrem sägeförmigen Bauch die Haut auf und legt blitzschnell ein Ei in die Wunde. Einen fast noch verblüffenderen Weg wählt die Rüsselkäfer-Tachine *Rondania dimidiata*: Mit einer weit ausziehbaren Legeröhre schiebt sie dem fressenden Käfer eines ihrer sehr kleinen Eier in den Mund, ohne daß er dies merkt (Abb. 51).

14. Von der Schlaffsucht zur rasenden Wut

Krankheitserreger

Kleine Organismen, die im Körper von größeren Organismen Krankheiten verursachen, leben – grundsätzlich betrachtet – parasitisch. Wenn wir sie dennoch nicht als Parasiten, sondern als eigene Gruppe betrachten, so deshalb, weil sie beim Wirt Störungen hervorrufen, die an ganz bestimmten Symptomen erkennbar und als Krankheiten namentlich bekannt sind. Die Hauptgruppen der Krankheitserreger sind die bei Pflanzen und Tieren sowie beim Menschen auftretenden Viren, Bakterien und niederen Pilze. Bei den Tieren und beim Menschen kommen noch Einzeller (Protozoen) und Milben hinzu.

Pflanzenkrankheiten

Beginnen wir hier mit den kleinsten Erregern (Pathogenen), den Viren, über deren Wesen, ob belebt oder unbelebt, die Gelehrten noch streiten. Hier seien sie als Lebewesen betrachtet. Ihre Größe schwankt zwischen 10 und 300 Mikrometer (1 Mikrometer = 1 μm = 0,000001 mm, d. h., der tausendste Teil eines tausendstel Millimeters). Auf Grund dieser Super-Winzigkeit hat man die meisten von ihnen erst in den vergangenen Jahrzehnten mit dem Elektronenmikroskop entdeckt. Bis heute sind weit über 1000 Viruskrankheiten (Virosen) bei einheimischen Pflanzen bekanntgeworden. Am häufigsten treten sie als Blattverfärbungen auf (Abb. 52 A), die zum Absterben der Blätter und manchmal der ganzen Pflanzen führen können. Übertragen werden die Viren teils mit Pollen und Samen, teils durch Pilze (die Eichenblattvirose z. B. durch den Eichenmehltau, s. u.), vor allem aber durch Blattläuse und andere Pflanzensaft saugende Insekten.

Eine Nummer größer und bereits mit dem Lichtmikroskop sichtbar, sind die vielfach mit Geißelfäden versehenen Bakterien (Spaltpilze). Ihre häufigsten Krankheiten (Bakteriosen) sind Wurzel- und Stengelfäulen sowie krebsartige Wucherungen an Stämmen (Abb. 52 B). Übertragen werden sie als Dauerzellen durch Wind, Wasser oder Tiere.

Die häufigsten Krankheiten bei Pflanzen werden aber von Pilzen verursacht (Mykosen). Der Krankheitserreger besteht hier aus einem mikroskopisch feinen Fadengeflecht, dem Myzel, das sich in und auf dem Pflanzen-

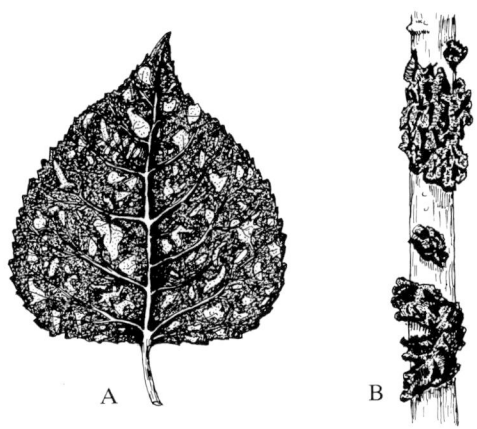

Abb. 52 A. Mosaik-Virose der Pappelblätter, B. Bakterien-Krebs
des Eschenstammes (nach BUTIN)

gewebe ausbreitet. Zu einer bestimmten Zeit bildet das
Myzel Fortpflanzungs- oder Dauerzellen, die Sporen,
die ähnlich wie die Dauerzellen der Bakterien durch
Wind, Regen oder Tiere verbreitet werden. Als Vertreter der sehr zahlreich in Wäldern vorkommenden pflan-
zenpathogenen Pilze seien hier je ein Mehltau-, Braun-
flecken- und Rostpilz ausgewählt.
Die Mehltau-Pilze (Erysiphaceae) sind reine Außenparasiten: Ihr weißes, mehliges Fadengeflecht wächst auf
der Blattoberfläche vieler Pflanzenarten und holt sich
mit kleinen Saugfüßchen die Nahrung aus dem Blatt.
Zur Vermehrung und Überwinterung bildet das Myzel
je eine besondere Sporenform. Eine der verbreitetsten
Arten ist der Eichenmehltau (Abb. 53).

Auffällig sind auch die artenreichen Braunflecken-Mykosen von Blättern. Die Abb. 54 zeigt die Braunfleckigkeit der Lindenblätter, verursacht durch *Cercospora microsora*. Der Pilz lebt im Blattinneren. In den Flecken brechen seine braunschwarzen Sporenmassen durch.

Während die Mehltau- und Braunflecken-Pilze einhäusig sind, also ihre Entwicklung auf nur einer Wirtspflanzenart durchmachen, benötigen die Rostpilze, so genannt wegen ihrer rostfarbenen Sporenlager, für ihren Entwicklungszyklus meist zwei verschiedene Pflanzenarten, auf denen sie bis zu 5 (!) Sporenformen bilden. Ein Beispiel ist der Gräserrost *Puccinia graminis*, der im Jahresverlauf zwischen einer Strauchart, dem Sauerdorn (Berberitze), und Gräsern wechselt. Der im Frühjahr in den Blättern des Sauerdorns wuchernde Pilz bildet im Mai die „Fliegen-Sporen", die überwiegend von Fliegen auf andere Sauerdorn-Sträucher verbreitet werden. Im Juni entstehen sodann die Wirtswechsel-Sporen, die der Wind zu allerlei Arten von Gräsern weht, in deren Blätter sie über die Spaltöffnungen eindringen. Einige Wochen darauf werden die Sommersporen erzeugt, die für die Weiterverbreitung unter den Gräsern sorgen. Im Herbst schnüren sich die Überwinterungs-Sporen ab, die im Frühjahr auf dem Waldboden auskeimen und eine 5. Sporenform, die Rückkehr-Sporen hervorbringen, die mit dem Wind zum Sauerdorn zurückkehren. Damit ist ein Entwicklungszyklus mit 5 verschiedenen Fortpflanzungen vollendet, der mit zum Kompliziertesten gehört, was die Natur hervorgebracht hat.

Krankheitserreger spielen bei Tieren eine viel wichtigere dichte-regulierende Rolle als bei Pflanzen. Das wird besonders bei den Insekten deutlich, wo manche Arten zu Massenvermehrungen gelangen, die plötzlich durch eine seuchenartige Krankheit zusammenbrechen können (Kap. 25).

So wurde bereits im vergangenen Jahrhundert bei Massenvermehrungen des Nonnenspinners *Lymantria monacha* in Fichten- und Kiefernwäldern ein eigenartiges Verhalten der Raupen beobachtet: Die Tiere strebten plötzlich alle nach oben, ballten sich in der Kronenspitze zusammen und starben. Man nannte die Erscheinung daher „Wipfelkrankheit" oder auch „Schlaffsucht", weil die toten Raupen schlaff von den Zweigen und Nadeln herabhingen. Heute weiß man, daß es sich um eine der etwa 300 bei Insekten vorkommenden Viruskrankheiten handelt. Gegenwärtig bemüht man sich in mehreren Ländern, solche Viren zu züchten und daraus Präparate zu entwickeln, mit denen man schädliche Raupen biologisch bekämpfen kann.

Bei Wirbeltieren ist die bekannteste und wichtigste Virose die Tollwut, die in jedem Erdteil eine bestimmte Tierart als Schwerpunkt-Wirt hat. In Europa ist das der Fuchs, der rund 65 % aller tollwut-kranken Tiere auf sich vereint. Die restlichen 35 % setzen sich zu 10 % aus Wildtieren, vor allem Reh, Hirsch, Wildschwein, Dachs, Marder und Iltis sowie zu 25 % aus Haustieren, vor allem Hund, Katze und Rind zusammen. Auch der Mensch ist bekanntlich für die Tollwut empfänglich. Sie

Abb. 53 Mehltau *Microsphaera alphitoides* auf Eichenblättern

Abb. 54 Blattfleckenpilz *Cercospora microsora* der Linde

wird durch Biß oder Berühren eines verendeten Tieres übertragen und führt, wenn nicht binnen kurzem eine Impfung erfolgt, unter Krämpfen und Lähmungen fast immer zum Tod. In den meisten Fällen verlieren die kranken Tiere ihre Scheu vor dem Menschen oder größeren Tieren und greifen sie wütend an. Man spricht dann von „rasender Wut" im Gegensatz zu der vereinzelt vorkommenden „stillen Wut", die unscheinbar verläuft. Zur Bekämpfung der Tollwut haben sich weder der Abschuß der Füchse noch die Begasung ihrer Baue bewährt. Mit einer Schluckimpfung der Füchse unter Verwendung behandelter Nahrungsköder scheint man endlich auf dem richtigen Wege zu sein.

Weniger häufig als Virosen sind bei Waldtieren Bakteriosen. Zu ihnen gehört die Nagetierseuche (Pseudotuberkulose), die alle Nagetiere, vorzugsweise aber den Hasen heimsucht. Sie beginnt mit einer Darmentzündung und endet mit Blutvergiftung. In abgeschwächter Form kann sie auch beim Menschen auftreten.

Von Pilzkrankheiten (Mykosen) werden vor allem Insekten befallen. Verbreitet sind im Wald *Spicaria*-Arten, die zur Verpilzung von im Boden ruhenden Insektenpuppen und Kokons führen (Abb. 55). Auf Blattläuse spezialisiert ist der Pilz *Entomophthora aphidis*, der ganze Blattlaus-Kolonien vernichten kann. Bei Säugetieren ist die Glatzflechte eine bekannte Pilzkrankheit. Sie tritt bei Hirsch, Reh, Dachs, Iltis, Hase und Mäusen auf. Die Sporen dieser zur Gattung *Trichophyton* gehörenden Pilze keimen auf verletzter oder feuchter Haut aus, bevorzugt auf dem Kopf. Die Haut wird schuppig und verliert die Haare.

Abb. 55 Pilzkrankheit durch *Spicaria farinosa*
bei einer Kieferneulen-
(*Panolis flammea-*)Puppe

Im Gegensatz zu den Pflanzen werden Tiere und der
Mensch auch von Protozonosen heimgesucht, d. h. von
Krankheiten, die durch einzellige Tiere (Protozoen)
verursacht werden. Die bekannteste Protozonose ist die
in wärmeren Erdgebieten verbreitete Malaria. In unseren Wäldern kann als verwandte Form die auf Tauben
beschränkte Tauben-Malaria *Haemoproteus columbae*
auftreten, die durch die Taubenlausfliege übertragen
wird. Bei Hirsch und Reh wird nicht selten die Gebär-
mutter durch Geißeltierchen der Gattung *Trichomonas*
befallen, was zur Unfruchtbarkeit führen kann.
Abschließend seien noch die *Sarcoptes*-Milben als Erre-
ger der Räude bei Waldsäugetieren erwähnt. Die etwa
0,5 mm kleinen Spinnentiere graben in der Haut Gänge
und führen dadurch zu Entzündungen und Haarausfall,
verbunden mit starkem Juckreiz. Von den drei in Wäldern verbreiteten *Sarcoptes*-Arten tritt eine beim Rot-,
Reh- und Gamswild, die zweite beim Schwarzwild
(Wildschwein) und die dritte beim Fuchs, Dachs und
Marder auf. Eigene Räude-Arten haben unsere Haus-
tiere und auch der Mensch, bei dem die Krankheit
„Krätze" heißt.

15. Masken, Tarnkappen und Giftspritzen

Schutz und Verteidigung

Der im Ökosystem allgegenwärtige Kampf ums Überleben, der uns im Kap. 25 noch beschäftigen wird, hat im Tierreich zu mannigfaltigen Schutz- und Verteidigungseinrichtungen geführt, von denen wir uns an Hand folgender Beispiele wenigstens in Umrissen ein Bild machen wollen.

Wie sich Tiere gegen Trockenheit und Kälte schützen, lernten wir bereits beim Trockenschlaf und bei der Winterstarre kennen. Die meisten Schutz- und Verteidigungsmaßnahmen richten sich jedoch gegen räuberische Feinde.

Die häufigste Schutzmaßnahme ist die Flucht. Sie ist bei manchen Tierarten auch noch aus scheinbar aussichtsloser Lage möglich wie etwa bei den als „Weberknechte" bekannten langbeinigen Spinnen, die das vom Feind ergriffene Bein abstoßen, oder bei den Eidechsen und der Blindschleiche, die in ähnlicher Notlage den ergriffenen Schwanz an vorgezeichneter Bruchstelle abbrechen lassen. Die Eigenbeweglichkeit des abgebrochenen Beines oder Schwanzes lenkt dann noch zusätzlich die Aufmerksamkeit des Räubers von dem sich rettenden Beutetier ab.

Eine Ablenkung des Feindes kann auch auf andere Weise erreicht werden, so z. B. bei der Singdrossel: Das Weibchen bleibt still auf dem Nest bei den Eiern, wäh-

rend das Männchen in der Nähe großen Lärm macht,
um die Aufmerksamkeit auf sich zu lenken.

Zahlreiche Tiere wählen bei Gefahr weder Flucht noch
Ablenkung, sondern die Bewegungslosigkeit (Akinese),
zumeist in Verbindung mit einer Schutzgestalt oder
-färbung oder auch mit einem Sichfallenlassen. So
drückt der Hase sich in seine Bodenmulde und wird
meist übersehen, weil er für das Auge mit der Umgebung verschmilzt. Bewegungslos verharren auch viele
Insekten, Spinnen, Vögel und andere Tiere, deren Kör-
perform und -farbe an die Umgebung angepaßt sind
(Tarnung). Als Beispiele zeigt die Abb. 56 eine Span-

Abb. 56 Nachahmung von Pflanzenteilen (Mimese): A. Falter des
Birkenspanners *Biston betularius* auf Baumrinde; B. Raupe
des Eichenspanners *Ennomos quercinaria*, ein Aststück
nachahmend   (nach JACOBS/RENNER)

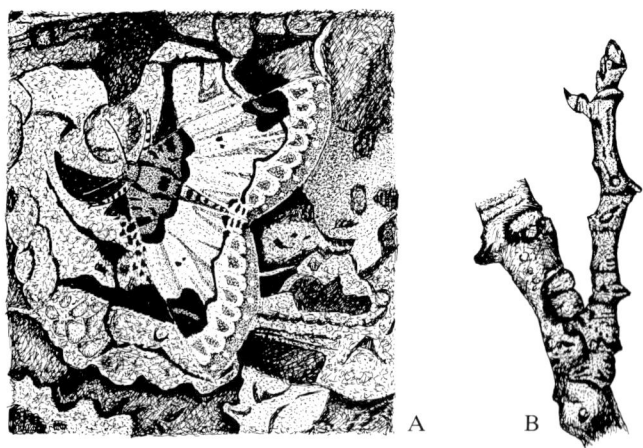

A   B

Abb. 57 Körperauflösung (Somatolyse) bei der Nachtschwalbe *Caprimulgus europaeus*

Abb. 58 Drohaugen-Flecken der Raupe des Weinschwärmers *Deilephila elpenor*

nerraupe am Zweig und einen Spanner-Falter auf der Rinde sowie die Abb. 57 die Nachtschwalbe am Kiefernwaldboden. Wenn wie bei dem Falter und der Nachtschwalbe der Körperumriß sich förmlich in der Umgebung auflöst, spricht man von Somatolyse (Körperauflösung). Nicht selten werden Fallenlassen und Bewegungslosigkeit miteinander verbunden. Mehrere Gruppen Blatt- und Rüsselkäfer sind als „Fallkäfer" bekannt, weil sie sich bei der geringsten Erschütterung von den Pflanzen fallen lassen und auf dem Boden tot stellen.

Das soeben bei der Spannerraupe erwähnte Nachahmen von Pflanzenteilen bezeichnet man als „Mimese". Von „Mimikry" spricht man dagegen, wenn eine schutzlose Tierart eine wehrhafte Art nachahmt, um dadurch Feinde abzuschrecken. Besonders „beliebt" ist die Nachahmung der Gestalt und (Schwarz-Gelb-)Färbung der Wespen und Hornissen durch Schmetterlinge, Käfer, Fliegen und andere wehrlose Insekten. Gerade diese Wespen-Mimikry wird oft als Beispiel für das „Überleben des Passendsten" im Kampf ums Dasein (Kap. 25) bei der Frage nach den Ursachen der Entstehung neuer Organismenarten (Evolution) ins Feld geführt.

Mehrere Schmetterlingsfalter und -raupen versuchen mit großen, auffällig gefärbten Augenflecken ihren Gegnern Angst einzujagen. Die in Abb. 58 gezeigte, an Weidenröschen, Klebkraut und anderen Pflanzen fressende Raupe des Weinschwärmers *Deilephila elpenor* senkt ihren kleinen Kopf und hält dem Gegner ihre Nackenglieder mit den großen „Drohaugen" entgegen.

114

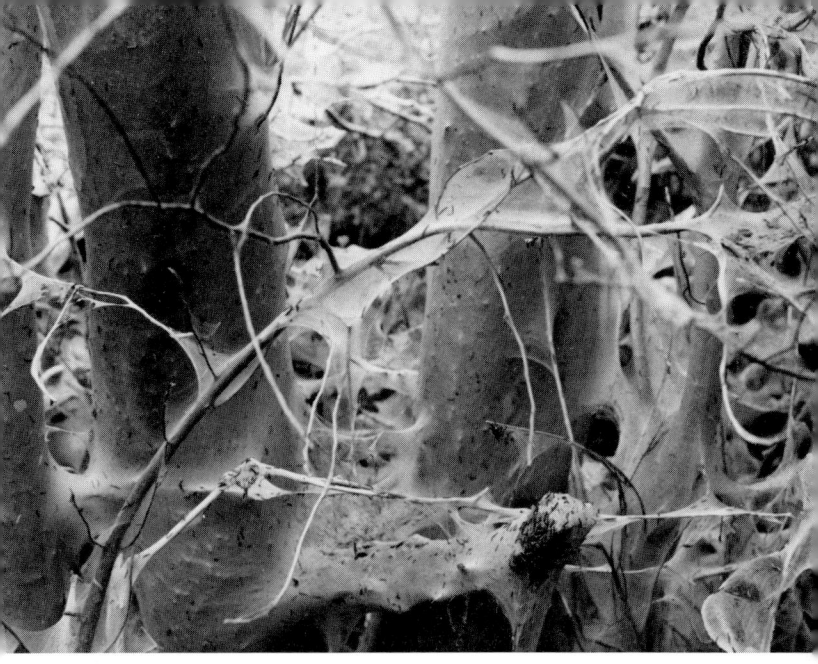

Abb. 59 Bäume und Sträucher umhüllende Gespinste der Gespinstmottenraupen *Yponomeuta*

Aber warum sollen Tiere fliehen, sich tot stellen, ablen-
ken oder drohen, wenn sie in soliden Schutzgehäusen
stecken wie die Schildläuse, Sackmottenraupen und
Schnecken – oder von undurchdringlichen Gespinsten
umgeben sind, wie die Gespinstmottenraupen
(Abb. 59)?
Das alles waren Beispiele passiver Verteidigung. Wenn
es aber nun zum Kampf, also zur aktiven Verteidigung
kommt, haben die Tiere hierfür eine Vielzahl an mechanischen (Kieferzangen, Zähne, Schnäbel, Klauen u. a.)
sowie chemischen Waffen entwickelt. Zu letzteren

Abb. 60 Raupen des Kleinen Goldafters *Porthesia similis* mit leicht
abbrechenden Gifthaaren

gehören die Stinksäfte der Wanzen und Spitzmäuse, die
Injektionsgifte der Wespen, Bienen, Ameisen und
Schlangen sowie die Schleimgifte von Schnecken, Krö-
ten und Salamandern.
Auch die zu Hautentzündungen führenden Nesselhaare
mancher Raupen sind hier zu nennen (Abb. 60). Das
Wild verläßt die Wälder, in denen sich die Raupen des
Schwammspinners oder Goldafters vermehrten, um den
herumfliegenden feinen Gifthaaren zu entgehen.

116

16. Bei manchen geht es ohne Partner

Fortpflanzung bei Tieren

Alle vier Fortpflanzungs-(Vermehrungs-)formen, die wir bei den Pflanzen kennenlernten: Ungeschlechtliche, ein- und zweigeschlechtliche sowie zwittrige, finden wir auch im Tierreich vertreten.

Ungeschlechtliche Fortpflanzung

Sie ist als Zweiteilung bei den einzelligen Tieren (Protozoen) verbreitet. So schnürt sich z. B. eine im Waldboden lebende Amöbe samt ihrem Kern einfach durch, und die entstandenen Hälften wachsen wieder zur ursprünglichen Größe heran. Prinzipiell betrachtet, sind damit die Protozoen unsterblich, denn jedes Elternpaar lebt körperlich vollständig in seinen Nachkommen weiter. Es gibt kein Sterben.

Eingeschlechtliche Fortpflanzung

Wenn es in einem Chanson heißt: „Ganz ohne Männer geht die Chose nicht", so läßt sich das nicht allgemein auf das Tierreich übertragen. Von Moostierchen (Bryozoen), vielen Schlupfwespen und manchen anderen wirbellosen Tieren sind bis heute keine männlichen Tiere bekannt. Hier legen die Weibchen unbefruchtete Eier ab, aus denen sich die Nachkommen entwickeln. Man hat diese eingeschlechtliche Vermehrungsform Jungfernzeugung (Parthenogenese) genannt.

Häufiger als die vollständige ist die teilweise, zeitlich begrenzte Eingeschlechtlichkeit. Man findet sie bei allen Blattläusen, wo die im Frühjahr und Sommer auftretenden Generationen ausschließlich aus Weibchen bestehen und erst bei der letzten Generation, im Herbst, Männchen auftreten. Es kommt dann zur Kopulation, worauf jedes Weibchen ein befruchtetes, meist überwinterndes Ei ablegt.

Auch im Zusammenhang mit der Geschlechter-Bestimmung gibt es eingeschlechtliche Vermehrung: Aus unbefruchteten Eiern der Bienen, Ameisen und anderen staatenbildenden Insekten entstehen Männchen, aus befruchteten dagegen Weibchen (Kap. 19). Die ersteren sind also eingeschlechtlich, die anderen zweigeschlechtlich entstanden.

Zwittrige Fortpflanzung

Zwittrige Tiere sind von intersexuellen zu unterscheiden. Bei den letzteren handelt es sich um Ergebnisse von Entwicklungsstörungen, wie z. B. bei Ameisen, wo man Tieren begegnen kann, deren eine Körperhälfte einer flügellosen Arbeiterin, die andere Hälfte dagegen einem geflügelten Männchen angehören. Solche mißgebildeten Tiere sind unfruchtbar. Echte Zwitter dagegen besitzen funktionsfähige männliche und weibliche Geschlechtsorgane vereint im selben Körper, so daß die beiden Partner bei der Kopulation sich gegenseitig befruchten. Artenreiche zwittrige Tiergruppen sind die Saug-, Band- und Regenwürmer sowie viele Schnecken. Wenn bei der Weinbergschnecke *Helix pomatia*, der wir in Wäldern mit kalkhaltigen Böden begegnen, zwei

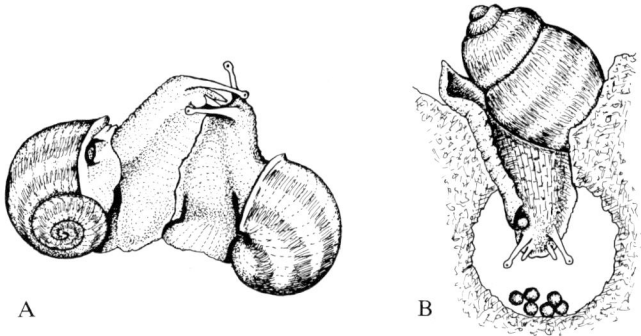

Abb. 61 Weinbergschnecke *Helix pomatia*. A. Begattung der zwittrigen Tiere (nach ECKERT); B. Eiablage (nach REMANE u. a.)

Tiere sich zur Begattung umschlingen (Abb. 61 A), stoßen sie sich zur Stimulation gegenseitig einen Kalkstachel („Liebespfeil") in die Körperwand.

Zweigeschlechtliche Fortpflanzung

Von dieser im Tierreich weitaus häufigsten Vermehrungsform wollen wir hier zunächst nur die ersten drei Phasen betrachten: Partnerfindung, Werbung und Paarung. Den darauf folgenden Brutfürsorge- und Brutpflegemaßnahmen sei ein eigenes Kapitel (17) gewidmet.
Bei der Partnerfindung der Tiere sind, im ganzen betrachtet, die Augen weniger wichtig als die Ohren und die Nase. Das Erzeugen und Hören von arteigenen Tönen und Tonfolgen finden wir hauptsächlich bei den Heuschrecken, Grillen, Zikaden, Fröschen und Vögeln. Die Anlockgesänge werden dabei fast ausschließlich

von den Männchen erzeugt. Die meisten Landinsekten und Säugetiere verwenden dagegen zur Geschlechterfindung arteigene Düfte (Pheromone). Jeder Schmetterlingssammler weiß, daß er mit einem noch unbegatteten weiblichen Falter über Kilometer hinweg die zugehörigen Männchen anlocken kann, weil das Weibchen einen Sexualduftstoff produziert, den das Männchen noch in unglaublich geringer Konzentration mit seinen Fühler-Riechorganen wahrnimmt. Bei den Borkenkäfern sind es meist beide Geschlechter, die arteigene Duftstoffe aussenden, weil bei ihnen die Zusammenführung möglichst vieler Artgenossen an einem neu entdeckten Brutplatz im Vordergrund steht. Man spricht daher auch von Versammlungs-(Aggregations-)Pheromonen. Sobald aber der Brutplatz, also ein zur Brut tauglicher Stamm oder Baumstumpf, mit Borkenkäfern gesättigt ist, schlägt das Anlock- in ein Abwehr-Pheromon um. Die Forstschutz-Fachleute sind dabei, sich die Borkenkäfer-Pheromone zunutze zu machen, um mit ihrer Hilfe diese Schädlinge ohne Gifteinsatz zu bekämpfen (Kap. 27).

Nach der Partnerfindung beginnen in zahlreichen Fällen die Männchen mit einer Werbung, die viele Formen annehmen kann: Aufrecht tanzt der Hase um die Häsin herum – mit eigenartigen Bewegungen, Tönen und Federspielen balzt der Auerhahn vor einer Henne oder der Birkhahn vor mehreren Hennen – mit einem Nahrungstier als Hochzeitsgeschenk schmeichelt sich der Rotrückenwürger bei einem Weibchen ein. Die Anlockrufe der Singvögel gehen in einen Werbungs-(Balz-)Gesang über.

Weniger bekannt ist, daß es auch bei Insekten und Spinnen hochinteressante Formen der Werbung gibt. So führt der Bockkäfer *Notorrhina muricata* in Gegenwart eines Weibchens ein Balztrommeln aus: Er beißt sich am Kiefernstamm an einem Stück Rinde fest und stößt rhythmisch mit seinem Körper gegen die Rinde, was ein trommelndes Geräusch ergibt. Das Männchen der Raubfliege *Heteropogon lautus* fliegt vor dem sitzenden Weibchen auf und ab und wedelt dabei mit seinen weißbehaarten Füßen. Bei den Bohrfliegen der Gattung *Urophora*, deren Larven in Distelköpfen leben, setzen sich die Männchen durch Rotieren der buntgefleckten Flügel, verbunden mit schaukelnden Körperbewegungen vor den Weibchen ins rechte Licht. Eindrucksvoll ist auch das Werbungsspiel der in Wäldern häufigen Springspinnen (Salticidae): Das Männchen macht vor dem Weibchen mit seinen langen Kiefertastern winkende Bewegungen und tanzt dabei mit gespreizten Beinen hin und her. Nach einer Weile wird das Weibchen davon angesteckt und tanzt mit.

Schließlich kommt es zur Paarung (Begattung, Kopulation) mit dem Ziel der Befruchtung der Eizelle durch eine Samenzelle. Dabei wird im allgemeinen das männliche Begattungsorgan in die weibliche Geschlechtsöffnung eingeführt. Den Männchen der Vögel (mit Ausnahme der Hühnervögel) fehlt ein solches Organ. Hier pressen die beiden Partner ihre Darmöffnungen, die mit den Geschlechtsorganen verbunden sind, aufeinander. Auch die männlichen Spinnen besitzen kein eigentliches Begattungsorgan. An seiner Stelle verwenden sie ihre Kiefertaster (Pedipalpen) für die Spermaübertragung.

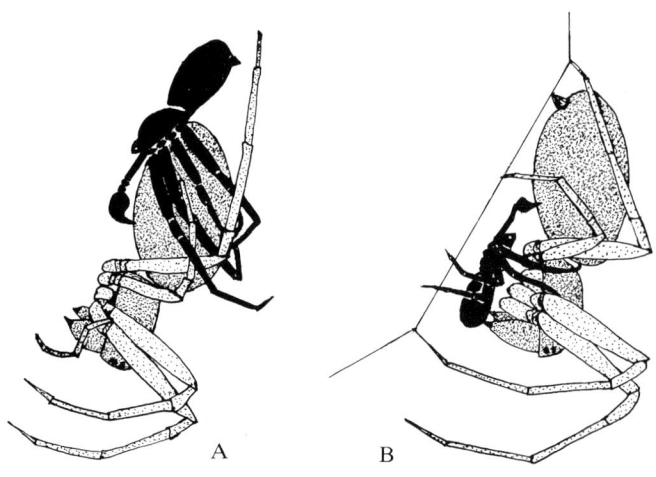

Abb. 62 Begattung bei Spinnen. A. *Araneus diadematus*, B. *Araneus pallidus*. Die Männchen (schwarz dargestellt) führen die Spermien mit den Kiefertastern in die weibliche Geschlechtsöffnung ein

(nach FOELIX)

Zuerst setzt das Männchen aus seiner Geschlechtsöffnung einen Spermatropfen auf einer Unterlage ab und saugt ihn in seine keulig verdickten Taster ein. Bei der Begattung führt es dann beide Taster gleichzeitig oder abwechselnd in die Geschlechtsöffnung des Weibchens ein (Abb. 62).

Ähnlich wie beim Rotrückenwürger (s. o.) ist bei manchen Insekten und Spinnen die Paarung mit einem Hochzeitsgeschenk verbunden. Bei den Schnabelfliegen der Gattung *Bittacus* bringt das Männchen zur Paarung eine erbeutete Fliege mit, die während des Paarungsak-

122

tes von beiden Partnern verzehrt wird (Abb. 63). Dagegen frißt bei den Raubspinnen *Pisaura* nur das Weibchen das Hochzeitsgeschenk, was dem Männchen aber sehr recht ist. Es handelt sich nämlich dabei um ein „Ablenkungsgeschenk". Wie bei vielen anderen Spinnen droht auch hier das Weibchen nach erfolgter Kopulation das Männchen aufzufressen. Während es aber mit dem Verzehr der Fliege beschäftigt ist, vollzieht das Männchen die Kopulation und bringt sich rasch in Sicherheit.

Einige Gruppen von Bodentieren, die Moosmilben, Tausendfüßler und Springschwänze, haben es fertiggebracht, daß das Ei im mütterlichen Körper ohne Begattung, also ohne körperliche Berührung der Partner,

Abb. 63 Hochzeitsgeschenk bei Schnabelfliegen *Bittacus*. Das Weibchen verzehrt während der Begattung die vom Männchen mitgebrachte Fliege (nach EIDMANN)

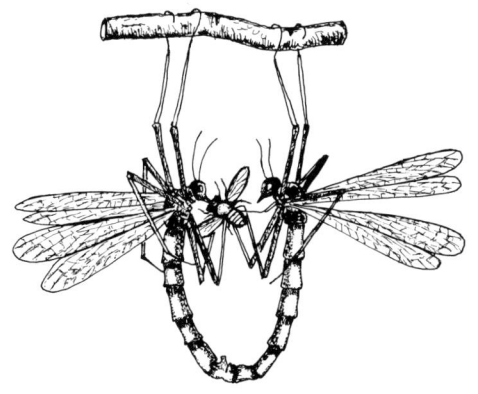

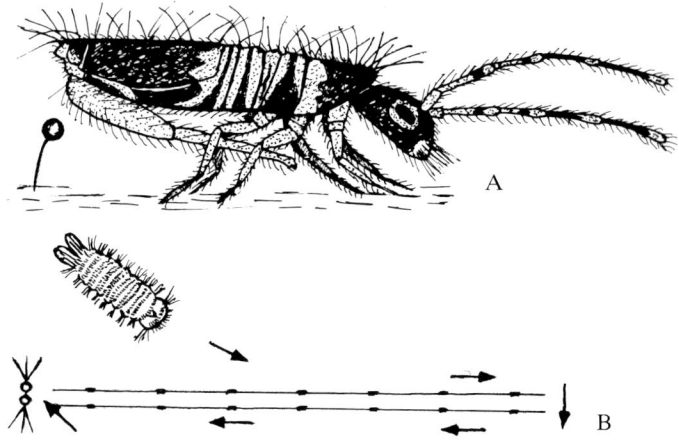

Abb. 64 Innere Befruchtung ohne Begattung. A. Springschwanz *Orchesella* mit gestieltem Ei (nach JACOBS/RENNER); B. Tausendfüßler *Polyxenus lagurus* mit einer zu zwei Eiern hinführenden „Fadenstraße" (nach EISENBEIS/WICHARD

befruchtet wird. Eine solche „innere Befruchtung ohne Begattung" kommt dadurch zustande, daß das Männchen einen meist gestielten Samentropfen auf dem Boden absetzt (Abb. 64 A), der von einem vorüberkommenden Weibchen mit der Geschlechtsöffnung aufgenommen wird. Um die Sache so sicher wie möglich zu machen, sucht der Springschwanz *Dicyrtoma minuta* erst ein Weibchen auf und baut dann um dieses herum einen „Zaun" aus gestielten Samentröpfchen, so daß es zwangsläufig mit einem der Tröpfchen in Berührung kommt. Ein anderes Verfahren wendet der Tausendfüßler *Polyxenus lagurus* an: Das Männchen spinnt eine „Fadenstraße" senkrecht zu den Samentröpfchen, an der entlang das Weibchen zu den Samentropfen geleitet wird (Abb. 64 B).

17. Lebende Konserven und Nestwärme

Brutfürsorge und Brutpflege

Ein Vogel, der seine Eier bebrütet und seine Jungen füttert und pflegt, bis sie selbständig sind, betreibt Brutpflege. Eine niedrigere Stufe der Sorge um ihre Brut praktizieren die meisten wirbellosen Tiere, vor allem die pflanzenfressenden Insekten. Sie legen ihre Eier an die „richtige" Pflanze ab, an der die geschlüpften Larven sofort mit dem Fressen beginnen können. Darin liegt eine Vorsorge für ihre Brut, die sie selbst gar nicht kennenlernen. Beginnen wir im folgenden mit dieser Brutfür-(vor-)sorge.

Brutfürsorge

Dem soeben genannten einfachsten Fall der Brutfürsorge: dem äußerlichen Festheften der Eier an die Nahrungspflanze der Larven, folgt als nächste Stufe, daß den Eiern zugleich mit der Nahrung auch Schutz gewährt wird. So versenken z. B. die Laubheuschrekken ihre Eier mit Hilfe eines langen Legesäbels (Abb. 65) in das Pflanzengewebe, während die Weinbergschnecke ihre Eier in eine selbstgefertigte Bodenhöhle gleiten läßt (Abb. 61 B).
Eine wiederum höhere Form der Brutfürsorge stellt die Verwendung von körpereigenen Stoffen zum Schutz des Eigeleges dar. So umgibt das Weibchen des Schwammspinners *Lymantria dispar* sein Eigelege mit dichter

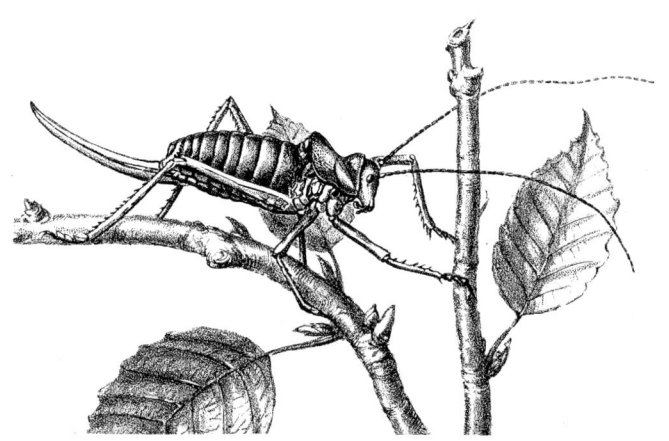

Abb. 65 Laubheuschrecke *Decticus verrucivorus*, Weibchen mit Eile-
gesäbel

Haarwolle, die es von seinem Hinterkörper abreibt,
während die Sackspinne *Agroeca brunnea* ihr Gelege in
einem zierlichen, gestielten Gespinstgehäuse versteckt,
das „Feenlämpchen" genannt wird, solange es noch
nicht durch Erdklümpchen getarnt ist (Abb. 66).
Übertroffen werden alle diese einfachen Formen der
Brutfürsorge von solchen Insekten, die dem Ei eine
besonders zubereitete Larvennahrung mit auf den Weg
geben. Nach der Art der Nahrung lassen sich hier drei
Gruppen unterscheiden.
Die erste Gruppe bilden die Dungkäfer, zu denen in
unseren Wäldern die bekannten blauen Mistkäfer gehören. Sie legen im Waldboden richtige kleine Bergwerke
an, deren Stollen bis 1,50 m Tiefe reichen. Jeder Stollen

126

Abb. 66 Eigespinst (Feenlämpchen) der Sackspinne *Agroeca brunnea*
vor der Tarnung mit Erdkrümeln

(Seitengang) endet in einer Brutkammer, die mit einem
Vorrat an Wildlosung oder Pferdemist nebst einem Ei
belegt wird (Abb. 67 A). Danach schließt der Käfer die
Kammer durch Erdteilchen ab.
Bei der zweiten Gruppe handelt es sich um einzeln (also
nicht in Staaten) lebende Bienenarten, die ihre Brutkammern im Boden (Abb. 67 B), in hohlen Stengeln
oder gar in leeren Schneckenhäusern bauen und jedes
Ei mit einem Nahrungsballen aus Honig und Pollen
versehen.
Die spektakulärste Form der Brutfürsorge zeigen
jedoch die Vertreter der dritten Gruppe, die Grabwes-
pen (Sphecidae und Pompilidae). Das Weibchen baut
hier eine Erdröhre mit abschließender Eikammer und

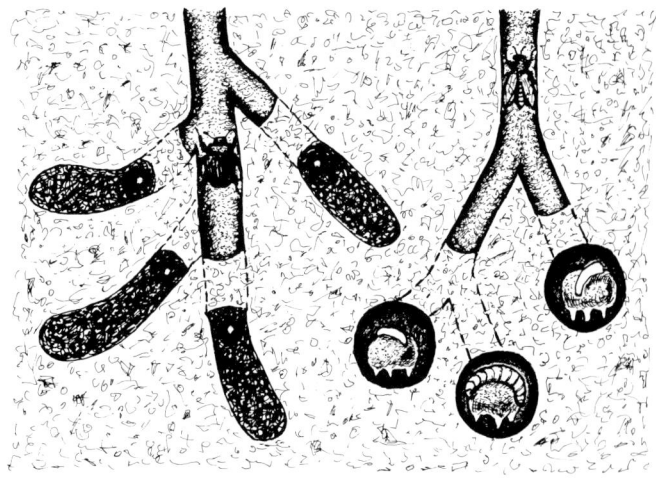

Abb. 67 Brutfürsorge. Links: Mistkäfer *Geotrupes stercorarius* (nach
EISENBEIS/WICHARD), rechts: Hosenbiene *Dasypoda argentata*,
Futtervorrat auf Füßchen (nach VON FRISCH)

versorgt das Ei mit einem lebenden, aber durch einen
Stich ins Nervenzentrum gelähmten Beutetier. Die aus
dem Ei hervorgegangene Grabwespenlarve zehrt somit
von einer „lebenden Konserve", die nicht durch Fäulnis
verdirbt. Während die Pompiliden nur Spinnen als
Beute eintragen, haben die Spheciden-Arten sich auf
verschiedene Insektengrupen spezialisiert: Heuschrek-
ken, Schaben, Ameisen, Raupen (Abb. 68), Fliegen
u. a. Je nach Größe der Beutetiere wird deren Zahl pro
Eikammer bemessen. Eine von den Imkern gefürchtete
Grabwespenart, der Bienenwolf *Philanthus triangulum*,
trägt nur Honigbienen ein.

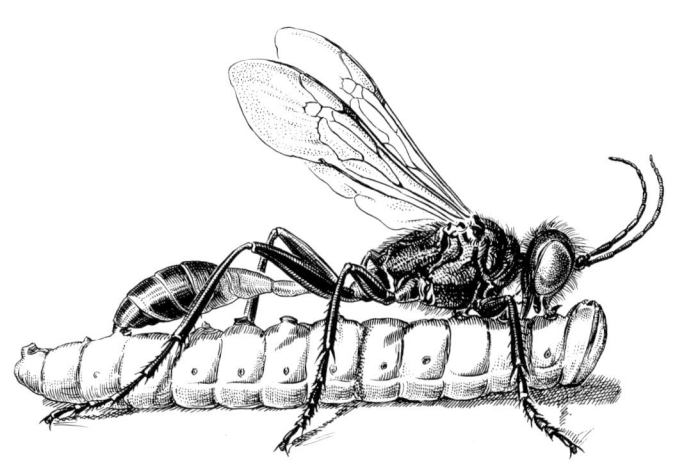

Abb. 68 Grabwespe *Ammophila* mit gelähmter Raupe (Brutfürsorge mit „lebender Konserve")

Brutpflege

Unter Brut sind hierbei die Eier und die Jungen zu verstehen. Brutpflege liegt also bereits vor, wenn die Elterntiere ihre Eier bewachen, und das ist schon bei Spinnen der Fall, bei denen die Weibchen das Eigespinst mit sich herumtragen. Die Maulwurfsgrille (Abb. 17) und die Ohrwürmer (Abb. 69) gehen noch weiter: Sie bewachen in ihren Erdhöhlen die Eier nicht nur, sondern bewahren sie auch durch häufiges Belekken vor dem Verpilzen. Eier, die man vom Muttertier getrennt hielt, ergaben keine Jungen.
Die höchste Stufe der Brutpflege ist erreicht, wenn die Jungen von der Mutter oder beiden Eltern gefüttert werden. Auch hierfür gibt es bereits bei den Insekten

Abb. 69 Brutpflege des Ohrwurms *Forficula*: Bewachen und Belekken der Eier (nach SCHALLER)

einige Beispiele, so den bekannten schwarz-gelb gefleckten Totengräber. Männchen und Weibchen dieses großen Aaskäfers versenken gemeinsam ein kleines totes Säugetier wie eine Maus oder einen Maulwurf durch Unterwühlen in den Erdboden. Danach verläßt das Männchen das Aas, während das Weibchen seine Eier daran ablegt und diese bewacht. Sobald die Larven geschlüpft sind, werden sie einige Tage lang von der Mutter mit verflüssigter Aas-Nahrung gefüttert (Abb. 70), bis sie selbständig fressen können.

Die Brutpflege der Vögel und Säugetiere, die auch das Führen und Anlernen der Jungen mit einschließt, bildet ein unerschöpfliches Feld der Verhaltensforschung, auf das hier nicht eingegangen werden kann. Es sei nur auf

130

den ober- und unterirdischen Bau von Nestern als den räumlichen Grundlagen der Brutpflege hingewiesen. Insbesondere die Nester der freibrütenden Vögel sind oft wahre Wunderwerke. Zimmerer von Baumhöhlen sind die Spechte. Ihre unvollendeten oder verlassenen Höhlen werden dann oft von höhlenbrütenden Kleinvögeln bezogen. Unter ihnen verengt der Kleiber (Name abgeleitet von: Kleber) *Sitta europaea* (Abb. 71) ein für ihn zu großes Eingangsloch mit Hilfe eines Mörtels, den er aus Erd- und Holzteilchen sowie Speichel herstellt.

Abb. 70 Brutpflege des Totengräbers *Necrophorus vespillo*: Füttern der Larven
(nach LINSENMAIER)

Abb. 71 Kleiber *Sitta europaea* am Eingang seines Nestes, einer ehemaligen Spechthöhle, deren Eingang er mit Mörtel verengte

Eine ganz besondere, nämlich parasitische Form der Brutpflege zeigt der Kuckuck. Das Kuckucksweibchen beobachtet im Frühjahr genau, wo kleine Singvögel wie Fliegenschnäpper, Pieper, Zaunkönig u. a. bei der Eiablage sind. In unbewachten Augenblicken fliegt es von Nest zu Nest, entnimmt mit dem Schnabel ein Ei und legt an dessen Stelle ein eigenes Ei hinein. Das gestohlene Ei wird entweder verschluckt oder im Flug fallengelassen. Damit das Kuckucksei unter den Singvogeleiern nicht auffällt, hat es ungefähr dieselbe Farbe und Größe, ist also gemessen an dem taubengroßen

Kuckuck abnorm klein. Das erlaubt dem Kuckuck, viel mehr Eier zu produzieren als jede andere Vogelart, nämlich bis zu 25 Stück. Nachdem im Singvogelnest das Kuckucksjunge geschlüpft ist, beginnt es ein eigenartiges Treiben: Es lädt in typischer Haltung (Abb. 72) ein Singvogelei- oder -junges nach dem anderen auf seinen etwas eingedellten Rücken und schiebt es zum Nest hinaus. Dieser Hinauswurf-Trieb dauert vier Tage, dann hat das Kuckucksjunge das Nest für sich allein. In etwa der Hälfte der Fälle merken die Singvögel die Veränderung und verlassen ihr Nest, was den Tod des

Abb. 72 Junger Kuckuck *Cuculus canorus* beim Hinauswerfen eines Eies seiner Pflegeeltern (nach HEINROTH)

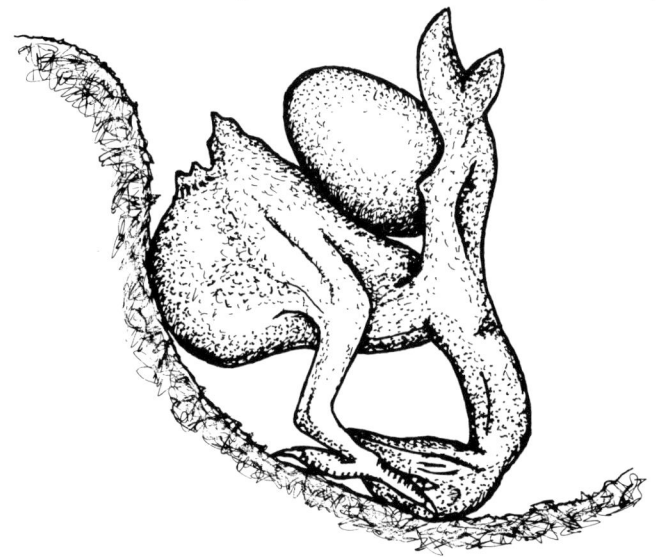

jungen Kuckucks bedeutet. In den anderen Fällen übernehmen sie die Brutpflege und haben dann alle Schnäbel voll zu tun, um den rapide heranwachsenden Koloß zu sättigen. Als Pflegeeltern des Kuckucks sind in Mitteleuropa etwa 60 Arten meist waldbewohnender Singvögel bekannt.

Nach ihrem kuckucks-ähnlichen Brutparasitismus sind die Kuckuckshummeln *Psithyrus* benannt, von denen es in Mitteleuropa etwa 10 Arten gibt. Sie bestehen nur aus Geschlechtstieren. Arbeiterinnen (Kap. 19), die Brutpflegearbeiten übernehmen, brauchen sie nicht, weil das Hummel-Weibchen seine Eier in fremde Hummelnester ablegt und seine Jungen dort mit aufziehen läßt.

18. Mariengarn

Verbreitung von Tieren

Die Tierwelt unserer Wälder ist in ständigem langsamen Umbau begriffen: Arten sterben aus oder wandern fort, neue kommen hinzu. Solche Verschiebungen sind bei kleinen Arten meist schwer zu erkennen, bei großen dagegen auffällig. So wurden die größten Arten der Waldraubtiere: Braunbär, Wolf und Luchs, die zum Teil noch bis zum 19. Jahrhundert in unseren Wäldern lebten, vom Menschen ausgerottet, während Waschbär, Marderhund und Wanderratte sich in jüngerer Zeit neu einbürgerten. Der Waschbär entsprang aus Zuchtgehegen, der Marderhund wanderte von Norden und Osten her zu uns ein, und die Wanderratte weitete den Lebensraum, der bisher nur die menschlichen Siedlungen umfaßte, auf die Wälder aus. Alle drei sind aus ökologischer Sicht keine Bereicherungen unserer Wälder, sondern arge Störfaktoren.

Gehen wir von den größeren Waldtieren zu den kleinen über, die in der Regel nicht zu rascher Ausbreitung imstande sind. Ausnahmen bilden die als Wanderfalter bekannten Schmetterlingsarten, die in kurzer Zeit erhebliche Entfernungen überbrücken können. Einer von ihnen ist der Distelfalter *Cynthia cardui*, der alljährlich im Frühjahr in Wanderflügen von Südeuropa her über die Alpen zu uns kommt. Hier entwickelt er – seine Raupen fressen an Disteln und Brennesseln – zwei oder drei Generationen. Die letzte Generation überwintert als Falter, erfriert jedoch nördlich der Alpen fast immer, so daß die Besiedlung Mitteleuropas in jedem Frühjahr von neuem beginnen muß, so lange, bis sich eine kälteverträgliche Rasse herausgebildet hat, die das Verbreitungsgebiet des Distelfalters endgültig nach Norden erweitert.

Die Ausbreitung der übrigen Insekten hat, soweit sie auf eigener Fortbewegung beruht, nur geringe Ausmaße, kann gleichwohl aber auffällig sein, zumal wenn sie in Massen erfolgt. Schon seit Jahrhunderten bekannt ist die Massenwanderung der Larven von Trauermücken *Lycoria militaris* auf dem Waldboden. Der Volksmund spricht vom „Heerwurm". Die etwa 1 cm langen, dunkelgefärbten Maden kriechen dann in Bandform von etwa 15 cm Breite und bis 10 m Länge mit einer Wandergeschwindigkeit von rund 1 m pro Stunde, bis plötzlich der Zug sich auflöst. Etwas ähnliches beobachtete man bei dem nur 1 mm großen, dunkelblauen Springschwanz *Ceratophysella sigillata,* wo Milliarden von Tieren einen 10 cm breiten und 12 m langen Wanderzug auf dem Waldboden bildeten.

Für alle geflügelten Insekten ist der Wind das wichtigste Verbreitungsmittel. Mit Hilfe von Saugfallen, die in unterschiedlicher Höhe an Ballons angebracht waren, wurden noch in mehreren hundert Metern Höhe Blattläuse und andere kleine Insekten während ihrer Winddrift gefangen. Doch werden auch viele ungeflügelte Kleintiere vom Wind mitgenommen. Behaarte Raupen besitzen, wenn sie noch ganz klein sind, vielfach lange Flughaare, die der Windverbreitung dienen (Abb. 73 A). Die kleinen Spinnen dagegen benutzen ihre eigenen Spinnfäden als Verbreitungsmittel. Im Spätsommer ist es soweit: An erhöhten Orten sitzen die kleinen Spinnen und „schießen" bei windigem Wetter einige Seidenfäden aus ihrer Hinterleibs-Spinndrüse (Abb. 73 B). Dann lassen sie ihre Unterlage los und fliegen an den eigenen Fäden davon. Der Volksmund spricht vom „Altweibersommer" oder, in höflicherer Form, vom „Mariengarn".

Schließlich sei als Verbreitungsmittel noch der Transport kleiner Tiere durch größere erwähnt, entsprechend dem Witz: Zwei Flöhe treten aus dem Bahnhof. Fragt der eine: „Gehen wir zu Fuß oder nehmen wir uns einen Hund?" Flöhe sind Außenparasiten und werden als solche durch ihre Wirte verbreitet. Doch gibt es auch zahlreiche nicht-parasitische Insekten und Spinnentiere, die regelmäßig größere Tiere als Ausbreitungsmittel

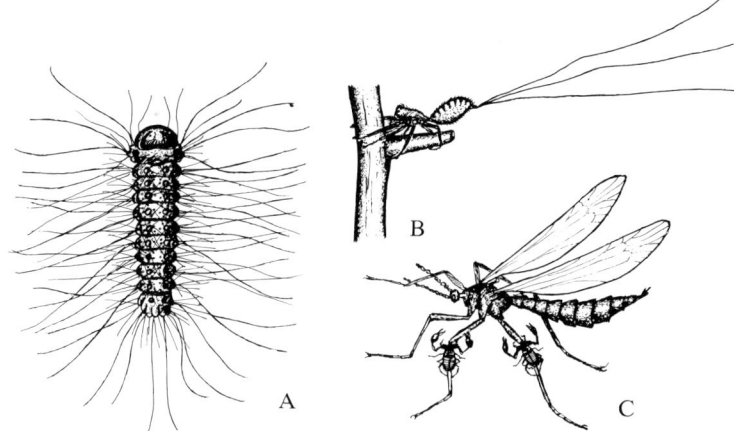

Abb. 73 A. Junge Raupe des Nonnenspinners *Lymantria monacha* mit Flughaaren; B. Junge Spinne vor dem Abflug mit eigenen Fäden; C. Pseudoskorpione der Gattung *Chernes*, an den Beinen einer Kammücke (Transportparasitismus)

(B. C nach HESSE-DOFLEIN)

benutzen. Man nennt dies Transportparasitismus (Phoresie).

Ein Beispiel bilden winzige Schimmelkäfer *Antherophagus*, die auf Blüten steigen, sich an Hummeln festkrallen und in deren Nester tragen lassen, wo sie von Kot und Abfällen leben. Regelmäßig heften sich auch die kleinen, in der Waldbodenstreu lebenden Pseudoskorpione an die Beine von Mücken und Fliegen an (Abb. 73 C), um verbreitet zu werden. Am häufigsten machen jedoch Milben vom Transportparasitismus Gebrauch. Hier gibt es Gruppen, die wie kleine Schildkröten aussehen und sich oft zu Hunderten an ein am Boden lebendes Insekt anheften. Vielfach ist ein bestimmtes Stadium an diesen Transport angepaßt (Wandernymphen). Unsere Waldmistkäfer sind oft über und über von solchen Milbennymphen bedeckt.

19. Schwarmgeister, Höflinge und Sklavenräuber

Tiergemeinschaften

Wenn Tiere gleicher oder verschiedener Art sich an einer Nahrungsquelle oder einem Überwinterungsort zusammenfinden, kommt es zu Tieransammlungen (Aggregationen), die auf äußeren Umweltfaktoren beruhen und keine inneren Bindungen aufweisen. Schließen sich aber Tiere im Zusammenhang mit der Fortpflanzung oder besserem Schutz zusammen, entstehen Tiergemeinschaften (Sozietäten). Sie beruhen auf sozialer Anziehung, Duldung, gegenseitigem Vorteil sowie Austausch von Signalen (Kommunikation). Man unterscheidet dabei offene (anonyme) Gemeinschaften, bei denen die Tiere sich nicht kennen und untereinander austauschbar sind, von geschlossenen (individualisierten) Gemeinschaften, deren Glieder untereinander bekannt und nicht austauschbar sind. Diese Unterscheidung wollen wir der folgenden Betrachtung der Tiergemeinschaften zugrunde legen, jedoch die Insektenstaaten, die den offenen Tiergemeinschaften angehören, wegen ihrer Besonderheit in einem eigenen Abschnitt behandeln.

Offene Tiergemeinschaften

Der Haupttrieb für ihre Bildung ist das Schutzbedürfnis. Innerhalb einer Tierart werden solche Gemeinschaften z. B. in Form der Brut-, Schlaf- und Nahrungssuch-

Gemeinschaften bei der Saatkrähe oder als Zugschwärme bei den meisten Zugvögeln gebildet. Aus
verschiedenen Arten bestehen die gemischten Vogel-
zugschwärme oder die herumziehenden Winter-
schwärme, zu denen sich Meisen und andere Vögel
zusammentun. Offene Säugetiergemeinschaften, wie sie
in den Savannen Afrikas mehrere Huftierarten bilden,
sind bei uns nicht bekannt.

Geschlossene Tiergemeinschaften

Gemeinschaften, in denen alle Glieder sich persönlich
kennen, sind auf Wirbeltiere der gleichen Art
beschränkt. Ihre Grundlage bildet die Fortpflanzung,
die zu drei Gemeinschaftsformen führen kann: Ehe,
Familie und Familienverband.

Die meisten Wirbeltiere gehen keine Ehe ein, sondern
bei ihnen finden sich die beiden Geschlechter nur zur
kurzdauernden Paarung zusammen. Die Ehe beginnt
erst mit dem Zusammenhalt der beiden Geschlechter
über den Paarungsakt hinaus. Eine Brutehe, beschränkt
auf die Zeit der Brut und Jungenaufzucht, gibt es bei
vielen Vögeln und einigen Säugetierarten. Sie geht,
wenn sie für weitere Bruten im Jahr bestehen bleibt
(z. B. bei den meisten Singvögeln), in eine Saisonehe
über. Dauerehen für mehrere Jahre oder gar die ganze
Lebenszeit sind u. a. bei Greifvögeln, der Schleiereule
(9 Jahre lang beobachtet), dem Kolkraben, der Grau-
gans und der Ringeltaube bekannt.

Sobald die Jungen da sind, geht die Ehe in eine Familie
über. Sie ist als Elternfamilie bei Vögeln häufig, bei
Säugetieren dagegen selten (in unseren Wäldern nur:

Wildkaninchen und Eichhörnchen). Zumeist bilden sich Mutterfamilien, in denen das Muttertier allein die Jungen aufzieht. Beim Wildschwein sowie bei Rot- und Damhirsch vereinigen sich mehrere Mutterfamilien zu Familienverbänden. In ihnen ist die soziale Stellung der einzelnen Tiere durch eine Rangordnung festgelegt, mit der sich die Verhaltensforschung näher beschäftigt.

Insektenstaaten

Staatliches Zusammenleben setzt Arbeitsteilung, Zurückstellung der Interessen des Einzelnen hinter jene der Gemeinschaft sowie eine zentrale Lenkung voraus. Lebensformen, die diese Bedingungen erfüllen, haben außer dem Menschen merkwürdigerweise nur noch einige Insektengruppen entwickelt. Bei uns sind dies: Wespen, Ameisen, Hummeln und Honigbiene, die alle zur Ordnung der Hautflügler (Hymenoptera) gehören. In den warmen Erdregionen kommen noch die mit den Schaben verwandten Termiten hinzu.

Bei unseren Insektenstaaten handelt es sich um Mutterfamilien, bestehend aus der Mutter (Königin) und ihren Kindern, die während des größten Teils des Jahres unfruchtbare Töchter sind und als Arbeiterinnen bezeichnet werden. Nur kurzzeitig treten fruchtbare Töchter, die Jungköniginnen, sowie Männchen hinzu. Alle drei Formen, auch „Kasten" genannt: Königinnen, Männchen und Arbeiterinnen, gehen aus gleichartigen Eiern hervor. Ob aus einem Ei eine weibliche oder männliche Larve wird, legt die Königin fest. Sie bewahrt einen großen Vorrat an Samenzellen in einem Behälter auf, aus dem sie mittels einer Muskelspritze dem Ei einige Samenzellen hinzufügen kann; entweder sie befruchtet also das Ei oder sie läßt es unbefruchtet aus ihrem Körper austreten. Befruchtete Eier werden zu weiblichen, unbefruchtete zu männlichen Larven. Über das weitere Schicksal einer weiblichen Larve, ob diese zu einer unfruchtbaren Arbeiterin oder zu einer fruchtbaren Königin wird, entscheiden sodann die fütternden Arbeiterinnen (Brutpflegerinnen): Füttern sie mit normaler Nahrung, entsteht aus der Larve eine Arbeiterin, geben sie dagegen einen Drüsensaft (Königin-Gelee) hinzu, wird eine Jungkönigin daraus. Wie viele Eier die Königin täglich ablegt, wie viele sie befruchtet und wie viele Larven zu Arbeiterinnen oder zu Königinnen herangefüttert werden, hängt von einem zwischen der Königin und ihrem Volk bestehenden Netz von Duftstoff-(Pheromon-)informationen ab, das Auskunft über Entwicklungsstand, Volksgröße, Ernährungssituation und Nachkommenbedarf gibt. Hauptbezugspunkt der auf Duftstoffen gegründeten Organisation ist die Königin.

Die soeben skizzierte Struktur des Insektenstaates gilt im Prinzip für alle vier einheimischen staatenbildenden Insektengruppen. Im einzelnen gibt es jedoch zwischen ihnen erhebliche Unterschiede. Betrachten wir zunächst das Nest.

Bei unseren etwa 60 Wespenarten (einschließlich der Hornisse) besteht das Nest aus einer Papiermasse, die aus zerkautem Holzbrei gewonnen wird. Die mehrschichtige, unten mit einer Öffnung versehene, meist kugelige Papierhülle umgibt mehrere Etagen waagerechter Papierwaben, deren Zellen nach unten offen

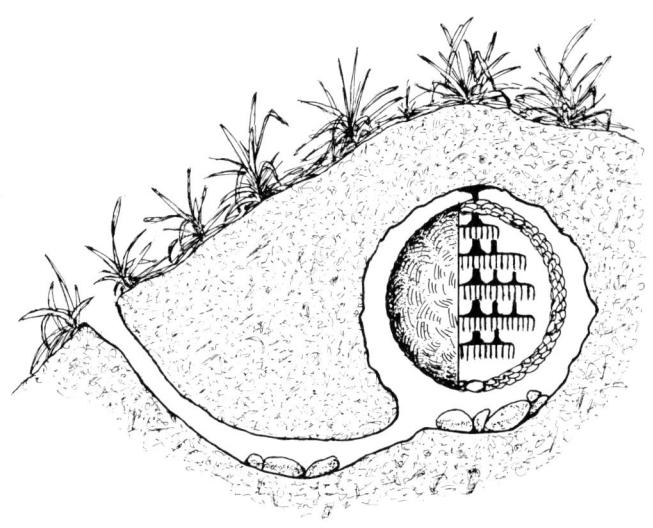

Abb. 74 Wespennest im Boden, rechte Hälfte: Papierhülle entfernt. Am Boden der Höhle und des Ganges liegen Steine, die wegen ihrer Größe von den Wespen nicht hinausgetragen werden konnten (nach VON FRISCH veränd.)

sind (Abb. 74). Die darin sitzenden Larven kleben mit einem zähen Schleim an der Zellwand, damit sie nicht herausfallen. Das Ganze befindet sich in einer Erd- oder Baumhöhle, bei einigen Wespenarten auch bevorzugt unter Dächern von Häusern. – Bei unseren Ameisen gibt es nur eine Art, die ihr Nest ebenfalls aus Papier- bzw. Kartonmasse baut, die Baumhöhlen bewohnende Kartonnestameise *Lasius fuliginosus*. Ihr Nest sieht wie ein großer Schwamm aus, dessen Poren die Brutkammern sind. Alle übrigen der etwa 100 einheimischen

Ameisenarten bauen regellose Hohlräume im Boden, unter Steinen oder im Holz, wobei sie die Bodennester vielfach mit wärmesammelnden Erd- (Abb. 75) oder Streuhaufen überdachen. Der Verzicht auf geformte Zellen bringt den Ameisen den Vorteil, ihr Nest bei Bedarf verlassen und an anderen Stellen rasch neu bauen zu können.

Die Zellen der rund 30 einheimischen Hummelarten und der Honigbiene bestehen aus Wachs, das von Wachsdrüsen produziert wird. Während die Hummeln in meist unterirdischen Hohlräumen ein Nest aus Gras oder Moos anlegen und einzelne tonnenförmige Wohnzellen hineinkleben, in denen sich jeweils mehrere Larven zusammen entwickeln, ordnet die Honigbiene ihre streng sechseckigen Wachszellen zu senkrechten Waben an, und zwar – sofern sie dem Imker entwischt – in hohlen Bäumen oder auch in Vogelnistkästen (Abb. 76).

Nach der Ernährung können wir je zwei Staatenbildner-Gruppen zusammenfassen. Die Wespen und Ameisen ernähren sich als Vollinsekten von süßen Säften (die Ameisen insbesondere vom Honigtau der Blattläuse, Kap. 12, Abb. 46), füttern ihre Larven aber mit kleinen Beutetieren. Man faßt daher die Wespen und Ameisen auch als Raubwespen zusammen. Dagegen verzehren die Hummeln und die Biene als Vollinsekten Blütennektar, den sie zu Honig umarbeiten, während sie ihre Larven mit Blütenpollen füttern. Diese beiden Gruppen werden daher zu den Blumenwespen vereinigt. Hinsichtlich des Nahrungstransports unterscheiden sich die Ameisen von allen anderen dadurch, daß ihre Arbeite-

Abb. 75 Erdhügelnest der Wegameise *Lasius niger*

Abb. 76 Nest der Honigbiene *Apis mellifica* in einem Vogelnistkasten

rinnen ungeflügelt sind, also den Honigtau und die Beutetiere zu Fuß herbeischaffen müssen.

Was den Entwicklungszyklus im Jahresverlauf betrifft, sieht hier die Gruppenbildung anders aus als bei der Ernährung. Die Wespen und Hummeln bilden ein-sömmrige Staaten, die Ameisen und die Biene dagegen Dauerstaaten. Das heißt, daß die Wespen- und Hummel-Völker im Spätsommer absterben, mit Ausnahme relativ weniger befruchteter Jungköniginnen, die im Waldboden oder in anderen Verstecken überwintern und im Frühjahr neue Staaten gründen. Die kunstvollen Papiernester der Wespen und Hornissen werden also nie ein zweites Mal benutzt. Dagegen werden die Amei-sen- und Bienenvölker mehrere Jahre alt, ja, sie sind sogar – bei ständiger Erneuerung der einzelnen Tiere – als Ganzes im Prinzip unsterblich. Das Ameisenvolk verbringt den Winter im Boden oder Holz in Kälte-starre, während die Honigbiene als einziges Insekt Mit-teleuropas einen „sozialen Heizofen" besitzt und als Volk aktiv in seinen Waben überwintert (Kap. 7).

Auch die Staatengründung ist bei den vier Gruppen nicht einheitlich. Die befruchteten Jungköniginnen der Wespen und Hummeln gründen im Frühjahr, auf sich allein gestellt, neue Staaten, müssen also anfangs alle Arbeiten des Nestbaues, der Nahrungsbeschaffung und der Brutaufzucht übernehmen. Erst wenn die ersten Arbeiterinnen geschlüpft sind, kann die Königin sich auf ihre eigentliche Aufgabe, die Produktion von Eiern, beschränken. Dagegen hat die Bienen-Jungköni-gin bei der Staatengründung von Anfang an Helferinnen zur Seite. Nach der Überwinterung des Volkes vollzieht sich im Bienenstaat ein „Machtwechsel": Kurz bevor die erste Jungkönigin aus einer der etwa 10 „Weiselzellen" schlüpft, räumt die Altkönigin mit einem Teil des Volkes das Feld und baut an anderer Stelle ihren Staat neu auf. Im alten Nest sticht die zuerst geschlüpfte Jungkönigin durch die Zellwände hindurch ihre Nebenbuhlerinnen tot und setzt sich nach dem Hochzeitsflug und der dabei erfolgten Begattung an die Spitze des zurückgebliebenen Volksteiles. Im Gegensatz zu den Wespen, Hummeln und der Honigbiene, die jeweils nur eine Form der Staatengründung haben, weisen die Ameisen eine schier unglaubliche Vielfalt von teilweise sehr komplizierten Methoden zur Errichtung ihrer Staaten auf. Als Beispiele seien drei zu der selben Gattung *Formica* gehörende Ameisenarten betrachtet.

Bei unserer Kleinen Roten Waldameise *Formica polyctena*, die bevorzugt in lichten Nadelwäldern ihre Nesthügel baut (Abb. 77), gibt es nicht nur eine Königin, sondern mehrere hundert bis tausend nebeneinander. Entsprechend groß, bis zu mehreren Millionen Arbeiterinnen, ist ihre Volksstärke. Im Frühjahr, nach dem Hochzeitsflug, werfen die Jungköniginnen ihre Flügel ab und machen sich auf den Weg, um neue Staaten zu gründen. Soweit sie den räuberischen Feinden entgehen und ihr Ziel erreichen, was nur einem kleinen Teil gelingt, werden einige von ihnen in das eigene Nest zurückgenommen und dem Staat als Ersatz gestorbener Altköniginnen einverleibt. Von den übrigen schart jede eine Hand voll Arbeiterinnen um sich und gründet einen neuen Staat, der aber vielfach durch Straßen mit den anderen Nestern verbunden bleibt. Der Gesamt-

Abb. 77 Querschnitt durch ein Nest der Roten Waldameise *Formica polyctena*

staat der Kleinen Roten Waldameise setzt sich daher in der Regel aus mehreren, räumlich getrennten Teilstaaten zusammen.

Ganz anders bei der nahe verwandten Großen Roten Waldameise *Formica rufa*, die bevorzugt Misch- und Laubwälder besiedelt. Ihr Staat wird nur von einer Königin „regiert". Im Frühjahr, nach dem Hochzeitsflug, haben die Jungköniginnen eine ebenso sonderbare wie schwierige Aufgabe vor sich: Jede von ihnen muß versuchen, in das Nest einer bestimmten verwandten

Art, nämlich *Formica fusca*, einzudringen, dort die Königin zu töten und sich an ihre Stelle zu setzen. Das gelingt nur selten, denn die *fusca*-Arbeiterinnen greifen natürlich, wie alle Ameisen, fremde Ameisenarten an und töten sie. In den wenigen Fällen, in denen das Vorhaben trotzdem gelingt, beginnt die *rufa*-Jungkönigin im *fusca*-Nest Eier zu legen, und die *fusca*-Arbeiterinnen ziehen die schlüpfenden *rufa*-Larven auf. Jahrelang besteht auf diese Weise ein gemischter Ameisenstaat aus *rufa+fusca*, bis die *fusca*-Arbeiterinnen, die ja keinen eigenen Nachschub bekommen, ausgestorben sind und ein reiner *rufa*-Staat existiert.

Das dritte Beispiel betrifft die Blutrote Waldameise *Formica sanguinea*, die mehr flache Nesthaufen an Waldrändern bildet. Sie kennt nicht weniger als fünf Formen der Staatengründung, von denen wir hier nur jene mit Hilfe von Sklaven betrachten wollen. Bei den meisten *sanguinea*-Völkern gehen die als „Soldatinnen" spezialisierten Arbeiterinnen mehrmals jährlich auf Sklavenjagd: Sie überfallen *Formica-fusca*-Nester und rauben einen Teil von deren Puppen. Die aus diesen Puppen schlüpfenden *fusca*-Arbeiterinnen beteiligen sich im *sanguinea*-Nest mit am Arbeitsprozeß. Dies ist eine interessante Parallele zu früheren unseligen Gepflogenheiten des Menschen, Angehörige fremder Völker als Sklaven zu rauben und für sich arbeiten zu lassen. Mit Hilfe solcher Sklavinnen gründet dann auch ein Teil der *sanguinea*-Jungköniginnen neue Staaten.

Über das hochinteressante Leben der Ameisen mehr zu erzählen, fehlt es hier an Platz. Erwähnt sei nur noch, daß es bei uns mehrere hundert Insekten- und Spinnentier-Arten gibt, die ausschließlich in Ameisennestern leben, sei es als Beutegreifer, Parasiten, Raubparasiten, Nahrungsdiebe, Abfallfresser oder Symbionten.

Ökologisch betrachtet, bilden für die Wälder die Ameisen die bei weitem wichtigste Gruppe der staatenbildenden Insekten. Ihre große Zahl an Nestern und Einzeltieren (Individuen) machen sie zu einer wichtigen Nahrungsquelle für viele Waldtiere – zu bedeutenden Verbreitern von Samen (Abb. 11, Kap. 5) – zu wirksamen Vertilgern von Schadinsekten – zu Förderern des für viele Insekten notwendigen Honigtaus – sowie, nicht zuletzt, zu Bodenbildnern (Kap. 21).

III. Die Zersetzer (Reduzenten)

20. Das wichtige eine Prozent

Aufbau, Abfall und Zersetzung

Es wurde schon einmal erwähnt (Kap. 1), daß erwachsene Wälder in Mitteleuropa im großen Durchschnitt ein Trockengewicht an lebender und abgestorbener organischer Substanz von 500 000 kg je Hektar (100×100 m) „auf die Waage bringen". Wie dieses Gesamtgewicht sich auf die lebende und tote organische Substanz sowie auf die verschiedenen Schichten des Waldökosystems verteilt, darüber gibt die Abb. 78 Auskunft. Zugrunde gelegt ist ein Mischwald aus Laub- und Nadelbäumen ohne Strauchschicht. Wir sehen daraus,

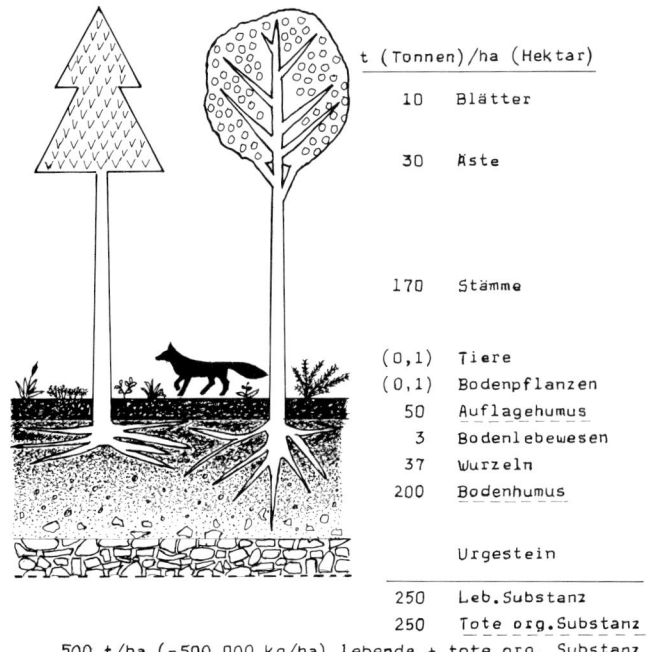

	t (Tonnen)/ha (Hektar)
10	Blätter
30	Äste
170	Stämme
(0,1)	Tiere
(0,1)	Bodenpflanzen
50	Auflagehumus
3	Bodenlebewesen
37	Wurzeln
200	Bodenhumus
	Urgestein
250	Leb.Substanz
250	Tote org.Substanz

500 t/ha (=500 000 kg/ha) lebende + tote org. Substanz
15 t/Jahr Zuwachs

Abb. 78 Gewichtsverteilung der organischen Stoffe im Wald
(nach STERN veränd.)

daß sowohl die oberirdischen Tiere, also vor allem Insekten, Vögel und Säugetiere, als auch die Bodenpflanzen mit 0,1 Tonnen (1 t = 1 000 kg) nur sehr geringe Anteile am Ganzen haben, die vernachlässigbar und daher in Klammer gesetzt sind.

Was uns an dieser Stelle besonders interessiert, ist das Gewicht der Lebewesen im Boden, das rund 3 Tonnen (3 000 kg) beträgt. Um uns die Stellung dieser Lebewesen im Ökosystem klarer zu machen, sehen wir die Abb. 79 an. Diese zeigt, daß in einer getrockneten Probe des oberen, mit organischer Substanz durchsetzten Teils des Waldbodens nur etwa 10 % auf die organische Substanz entfallen, während die Hauptmasse aus Mineralien besteht.

Die weitere Betrachtung ergibt folgende Zusammensetzung des organischen Teils: 86 % tote organische Substanz (Humus), 13 % lebende Wurzeln sowie 1 % Lebewesen. Und fächern wir die letzteren weiter auf, sehen wir, daß sie zu je 45 % aus Bakterien und Pilzen und zu 10 % aus Tieren bestehen.

Abb. 79 Gewichtsverteilung der organischen Stoffe im Waldboden

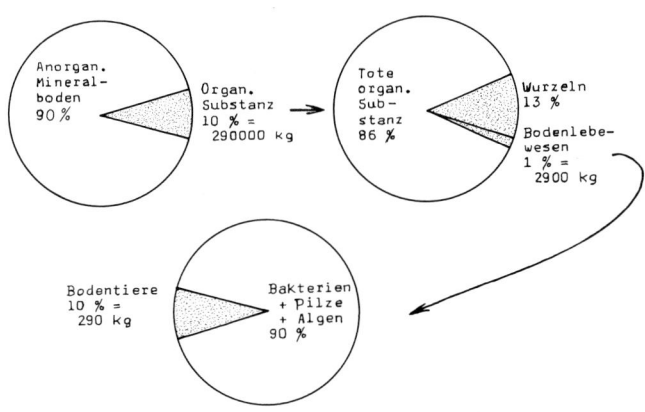

Nur 1 % des Gewichts der organischen Substanz des Waldbodens entfällt somit auf die Lebewesen. Doch welch große Bedeutung für den Wald hat dieser kleine Anteil! Er bildet neben den Produzenten und Konsumenten die 3. große Kraft, die das ganze Ökosystem am Leben erhält.

Die Waldpflanzen, vor allem Bäume, bauen im Vorgang der Photosynthese ständig lebende organische Substanz (Biomasse) auf, die – auf das Jahr bezogen – als Nettoprimärproduktion bezeichnet wird. Was von ihr am Jahresende, nachdem die Konsumenten ihren Teil davon genommen haben, übrig bleibt, ist die Nettoendproduktion oder der jährliche Zuwachs. Dieser beträgt, wie der Abb. 78 zu entnehmen, in unserem Durchschnittswald 15 t (15 000 kg), also etwa 6 % der gesamten lebenden Substanz. Gleichzeitig mit diesem Aufbau findet im Wald aber ein Abbau statt: Ein Teil der Pflanzen und Tiere stirbt, Blätter und Nadeln werden abgeworfen, trockene Äste oder ganze abgestorbene Bäume brechen zu Boden. So lange der Wald noch jung und in starkem Wachstum begriffen ist, überwiegt sein jährlicher Zuwachs den Abfall, und sein Gesamtgewicht nimmt zu. Bei älteren Wäldern mit immer geringer werdender Zuwachsrate, stellt sich ein Gleichgewicht zwischen den beiden Komponenten ein: Es wird jährlich ebensoviel an lebender Masse gewonnen wie an toter abgestoßen.

Jedoch ist mit dieser Gleichung: Zuwachs = Abfall noch kein Stoffkreislauf, wie er für das Ökosystem notwendig ist, gewonnen. Um ihn herzustellen, muß der jährliche Abfall noch abgebaut, zersetzt werden. Denn geschieht das nicht, häuft der Abfall sich an und erstickt schließlich den Wald. Die für das Ökosystem lebensnotwendige Zersetzungsarbeit leisten die Bodenlebewesen. Damit lautet die Gesamtgleichung: Zuwachs = Abfall = Zersetzung. Der jährliche Bestandesabfall wird dabei nicht sofort restlos zersetzt. Der Zersetzungvorgang (s. u.) dauert mehrere Jahre. Doch genügt es, wenn insgesamt betrachtet, jährlich gerade so viel zersetzt wird wie der Masse des jährlichen Abfalls entspricht.

Der Wald stellt sich uns nach alledem als ein Zersetzer-Ökosystem dar, in welchem die Pflanzennährstoffe (s. u.) aus der Zersetzung des jährlichen Abfalls hervorgehen. Unsere Wiesen und Äcker sind dagegen Weide-Ökosysteme, die nur einen sehr geringen jährlichen Abfall haben, weil die Weidetiere und der Mensch den größten Teil der Pflanzen bereits vor der Abfallbildung entnehmen. Daher müssen hier die Pflanzennährstoffe dem Boden in Form von Dünger zugeführt werden.

Die Zersetzungsarbeit spielt sich ganz überwiegend im Waldboden ab. Doch gibt es in geringerem Umfang auch über dem Boden Zersetzungsvorgänge, die als nächstes betrachtet seien: der Abbau von Holz, Kot und Aas.

21. Gesundheitspolizei

Oberirdische Zersetzung

Die Etappen der Verrottung von liegendem Holz oder Baumstümpfen lassen sich leicht im Walde verfolgen, obgleich der ganze Vorgang 10 bis 20 Jahre dauert: Wir können ihre Aufeinanderfolge aus den verschieden weit vorgeschrittenen Zersetzungsstufen rekonstruieren. Der Angriff der Reduzenten verläuft in einer „konzertierten Aktion" zugleich von allen Seiten: Von oben her unter einer sich bildenden Moosdecke, von den Seiten unter sich lockernder Rinde sowie von unten, vom Boden aus. Als Erstzersetzer greifen oberflächlich Mikroben (Bakterien und Kleinpilze) und im Inneren Insekten-, vor allem Käfer- und Holzwespenlarven an. Bei einer Kontrolle fand man in Baumstümpfen von nur 10 cm Durchmesser in einem jungen Fichtenbestand (herrührend von der Durchforstung der Jungbestände) im Durchschnitt 60 Larven des Großen Braunen Rüsselkäfers *Hylobius abietis*. In den folgenden Abbaustufen treten auf pflanzlicher Seite auch Großpilze (Abb. 80) und auf tierischer Seite bestimmte Regenwurmarten (Abb. 83) auf. So hat jedes Stadium der Holzzersetzung seine besondere Lebensgemeinschaft. Schließlich verliert das Holz seine Form und geht als Holzmulm in den Waldboden ein.

Ein anderer oberirdischer Zersetzungsprozeß betrifft den Kot der Waldtiere. Der größte Teil davon, nämlich der aus winzigen Krümeln bestehende Insekten- und Spinnentierkot ist gewöhnlich für uns unsichtbar. Er gelangt direkt oder auf Umwegen zum Boden, wo er in den Humusbildungsprozeß (Kap. 22) eingereiht wird. Am Abbau der Kotausscheidungeen größerer Tiere, besonders der Vögel (deren Nester oft große Kotmengen enthalten) und der Säugetiere, sind neben speziellen Mikrobenarten auffällig viele Kleintiere, vor allem

Abb. 80 In Zersetzung befindlicher Baumstumpf

Milben, Käfer und Fliegenlarven beteiligt. Allein unter den Käfern gibt es in Mitteleuropa rund 300 Arten von Kotfressern. Genau genommen, gehören auch die Ameisen in diese Gruppe, denn bei den von ihnen begehrten zuckerreichen Ausscheidungen der Blatt- und Schildläuse (Kap. 12) handelt es sich ja ebenfalls um Kot.

Auch das Aas (Sammelbegriff für tote Tiere) hat seine Zersetzer-Spezialisten. Verwesungs-Bakterien treten an der sauerstoffreichen Oberfläche, Fäulnis-Bakterien im sauerstoffarmen Inneren des toten Tierkörpers auf. Von seiten der Tiere stellen sich an großem Aas, etwa vom Hasen aufwärts, zunächst Rabenkrähe, Milane, Bussard, Fuchs, Dachs und Wildschwein ein, ehe kleinere Aasfresser wie die Totengräber und Aaskäfer die Reste übernehmen. Die Artenzahl der einheimischen Aasfresser unter den Käfern ist mit 300 Arten ebenso groß wie der Kotfresser. Die Leichen kleinerer Wirbeltiere wie die von Kleinvögeln, Mäusen oder Eidechsen werden vornehmlich von Milben, kleineren Käfern und Fliegenlarven verzehrt. Und was schließlich die kleinsten Kadaver, die toten Insekten und Spinnentiere angeht, so sind für sie in erster Linie die Ameisen zuständig. Denn entgegen verbreiteter Meinung sind Ameisen viel mehr Abfallvertilger als Räuber. Deshalb bezeichnete man sie bereits im vergangenen Jahrhundert als die „Gesundheitspolizei des Waldes".

22. Chemiker unter Tage

Nähr- und Dauerhumus

Das große Chemie-Labor des Waldökosystems, in welchem aus der abgestorbenen organischen Masse jene einfachen chemischen Verbindungen hergestellt werden, die den Waldpflanzen als Nährstoffe zur Verfügung stehen, ist der Boden. Das gesamte zur Zersetzung anstehende organische Material wird Humus genannt. Dieser besteht in seiner obersten Schicht, dem Auflage-Humus oder der Streu, noch weitgehend aus geformten Pflanzenteilen, geht dann in eine krümelige schwarzbraune Masse über und verliert sich schließlich im hellen Mineralboden (Abb. 78).

Der Humus-Abbau beginnt mit den leichter zersetzbaren Substanzen. Sie werden zu Pflanzennährstoffen mineralisiert. Daher bezeichnet man diesen leichter zersetzbaren Humusanteil als Nährhumus. Er ist eingebettet in den schwerer und langsamer zersetzbaren Humusanteil, den Dauerhumus. Auch dieser wird schließlich von spezialisierten Mikroben, vor allem von mikroskopisch kleinen Pilzen zerlegt, wobei weitere Pflanzennährstoffe entstehen, doch dauert hier der Vorgang eine Reihe von Jahren. Dieser schwer zersetzbare Dauerhumus ist aber für das Bodenleben von großer Bedeutung. Seine organischen (vor allem Huminsäure-)Verbindungen bilden mit den Mineralteilchen des Bodens, unter entscheidender Mitwirkung der Regenwürmer (Kap. 23), sogenannte Ton-Humus-Komplexe, die durch ihre physikalische Struktur und ihre Stabilität die Durchlüftung und Wasserhaltung des Bodens gewährleisten und damit das Bodenleben erst ermöglichen.

Die für den Zersetzungsprozeß weitaus wichtigsten Lebewesen, die die Nährstoffe herstellenden „Chemiker unter Tage", sind die Mikroben, also Bakterien und Kleinpilze. Wie wir aus der Abb. 79 sahen, machen sie rund 90 % der Masse aller Bodenlebewesen aus, das sind etwa 2 600 kg pro Hektar. Sämtliche organischen Verbindungen, und seien sie noch so kompliziert, sind von ihnen abbaubar, wobei jeweils bestimmte Mikroben-Gruppen auf den Abbau bestimmter Verbindungen spezialisiert sind. Der ganze Prozeß geht nach einem großartigen Abbauplan derart vor sich, daß immer die eine Gruppe die Voraussetzungen für das Eingreifen der nächsten schafft.

Der chemische Abbau bedeutet für die Mikroben die Gewinnung von Nahrung: Ihr Körper produziert Verdauungsstoffe (Enzyme oder Fermente), welche die betreffende organische Verbindung zerlegen. Den als Nahrung benötigten Teil des Abbauproduktes verleibt die Mikrobe sich ein, den Rest gibt sie an die nächste Mikrobengruppe weiter, sofern es sich noch um eine organische Verbindung handelt. Ist der Restteil anorganisch, kann er entweder als Pflanzennährstoff direkt von den Pflanzenwurzeln aufgenommen oder, in manchen Fällen, durch selbständige (autotrophe) Mikroben, wie die Eisen- oder Schwefelbakterien noch weiter ab- oder umgebaut werden. Diese wurden eingangs (Kap. 1) als einzige Lebewesen bezeichnet, die außer den grünen Pflanzen (mit ganz anderen Mitteln als diese) imstande sind, ihren Körper aus anorganischen Stoffen aufzubauen.

Das soeben skizzierte Bild eines Hand-in-Hand-Arbeitens der Mikroben im Boden gilt nicht uneingeschränkt. Auch hier gibt es – wie bei allen Lebewesen – Arten, die sich als Konkurrenten gegenüberstehen. Die stärksten Waffen im Konkurrenzkampf von Mikroben sind Hemmstoffe (Antibiotika), die den Gegner lahmlegen. Der Mensch hat es verstanden, sich solcher Antibiotika im Kampf gegen seine Bakterien- und Pilzkrankheiten zu bedienen. Die bekannteten sind das von Fadenbakterien gebildete Streptomycin sowie das von Schimmelpilzen stammende Penicillin, die beide bakterizid, also bakterientötend wirken.

Welche Rolle spielen die Bodentiere nun bei dem Ganzen? Wie wir der Abb. 79 entnehmen können, kommen

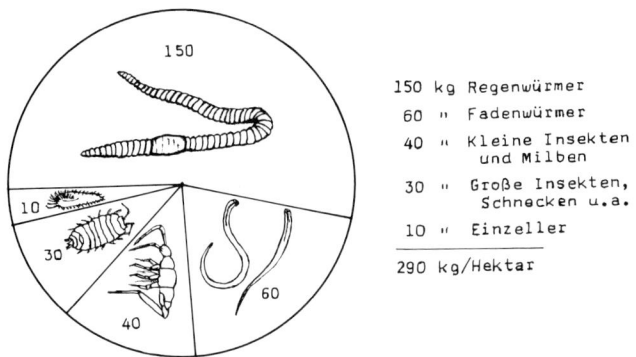

150

150 kg Regenwürmer
60 " Fadenwürmer
40 " Kleine Insekten
und Milben
30 " Große Insekten,
Schnecken u.a.
10 " Einzeller
──────────────
290 kg/Hektar

10

30

40

60

Abb. 81 Gewichtsverteilung der Tiergruppen im Waldboden

den Tieren nur 10 % der Masse der Lebewesen des Bodens zu (45 % Bakterien, 45 % Kleinpilze und Algen), das sind rund 300 kg Trockengewicht pro Hektar. Die Abb. 81 gliedert dieses Gesamtgewicht auf die einzelnen Bodentiergruppen auf. Wir sehen, daß die Regenwürmer, die wir im nächsten Kapitel gesondert betrachten werden, etwa das gleiche Gewicht besitzen wie alle anderen Tiergruppen zusammen, und daß die nur 0,5 bis 2 mm langen Fadenwürmer (Nematoden) infolge ihrer großen Individuenzahl mit 60 kg/ha den zweiten Platz einnehmen.

Wenn wir die bodenbiologische Bedeutung der einzelnen Bodentiergruppen beurteilen wollen, müssen wir ihre Ernährung zugrunde legen. Soweit die Nahrung aus Pflanzenwurzeln besteht wie beim größten Teil der Fadenwürmer oder aus anderen Bodenorganismen wie bei vielen Milben und Einzellern, steuern sie zum

159

Abbauprozeß zweierlei bei: ihren Kot, der von den Mikroben weiter zerlegt wird, und ihren eigenen Körper, der nach ihrem Tode den Boden mit organischen, insbesondere Stickstoff-Verbindungen bereichert. Noch einen Schritt weiter gehen alle humusfressenden Tiere: Sie tragen durch ihre Verdauungsprozesse wesentlich zur Humifizierung, d. h. zur Umwandlung der toten organischen Substanzen in Dauerhumus bei. Die Mikroben und die Bodentiere verfolgen somit zwei grundlegend verschiedene Zersetzungsziele: Erstere stellen anorganische Verbindungen und damit Pflanzennährstoffe her (= Mineralisierung), letztere dagegen Verbindungen des Dauerhumus (= Humifizierung). Die Mikroben beeinflussen also in der Hauptsache die chemischen, die Tiere dagegen die physikalischen Eigenschaften des Bodens. Jedoch schaffen die Tiere mit ihrer Kot- und Humusproduktion zugleich Ausgangsstoffe für die chemische Zersetzungsarbeit der Mikroben.

Bei den Bodentieren haben sich ähnlich wie bei den Mikroben aufeinander folgende Zersetzer-Gruppen herausgebildet. Als Erstzersetzer treten in der Waldbodenstreu hauptsächlich Asseln (Abb. 82), Schnecken, Tausendfüßler, Fliegenlarven (in Buchen-Fallaub stellte man Larven aus 19 Fliegen-Familien fest) und größere Springschwänze (Collembolen) in Aktion. Je kleiner die Humusteilchen werden, desto kleiner sind auch die verzehrenden Tiere: Klein-Collembolen, Milben und schließlich Einzeller. Eine absolute Ausnahmestellung unter allen Bodentieren nehmen aber die Regenwürmer ein, denen deshalb ein eigenes Kapitel gewidmet werden soll.

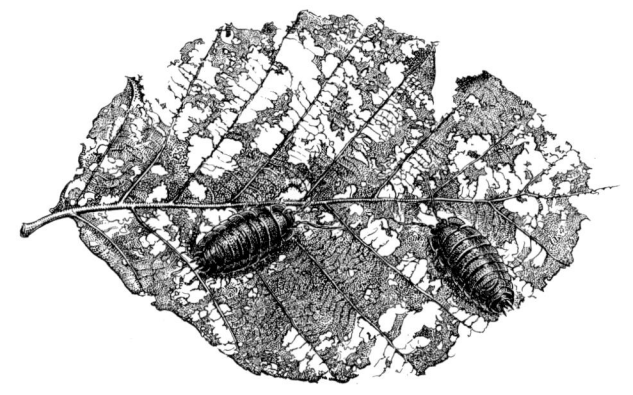

Abb. 82 Asseln *Oniscus asellus* als Erstzersetzer in der Bodenstreu

23. Darwins Berechnung

Die Rolle der Regenwürmer

Sie heißen so, weil sie bei starkem Regen ihre Erdröhren verlassen und an die Oberfläche kommen. Der Sauerstoffmangel treibt sie dazu. Es gibt etwa 40 Regenwurm-Arten bei uns, die meisten in Wäldern. Einige werden kaum 2 cm lang, andere mehr als 20 cm. Auf Grund ihrer unterschiedlichen Ansprüche besetzen sie verschiedene Nischen im Wald, wovon die Abb. 83 einen Eindruck vermitteln soll. Allgemein ist die Feuchtigkeit für sie der wichtigste Umweltfaktor. In trockenen Kiefernwaldböden kommen sie kaum vor, sehr zum Schaden dieser Böden.

Abb. 83 Verteilung einiger Arten Regenwürmer im Wald. 1. *Dendrobaena tenuis*; 2. *Lumbricus rubellus*; 3. *Dendrobaena mammalis*; 4. *Lumbricus terrestris* und *Allolobophora longa*; 5. *Octolasium cyaneum* (nach TOPP veränd.)

Wie aus der Abb. 81 hervorgeht, ist die Biomasse der Regenwürmer pro Hektar etwa ebenso groß wie jene aller anderen Tiergruppen des Bodens zusammen. Dies gilt für nicht zu trockene Laub- und Nadelwaldböden. Die genannten 150 kg Trockengewicht entsprechen einem Frischgewicht von 450 kg, und da man pro Regenwurm mit einem mittleren Frischgewicht von 0,5 g rechnen kann, ergeben sich daraus 900 000 Regenwürmer pro Hektar = 90 Regenwürmer pro Quadratmeter. Fast 1 Million Regenwürmer in einem Waldboden von 100×100 m Fläche! Was bedeuten sie für den Boden?

Nach ihrer Ernährung und damit bodenbiologischen Bedeutung lassen sich zwei Gruppen von Regenwürmern unterscheiden. Die einen gehören zu den Erstzersetzern: Sie ziehen nachts Fallaub und Nadelstreu in ihre Gänge und fressen sie dort. Diese Arten sind für den Fallaub-Abbau bei einer Reihe von Bäumen und Sträuchern wie Salweide, Mehl- und Vogelbeere sehr wichtig, da deren Laub für Mikroben schwer angreifbar ist.

Die Arten der zweiten Ernährungsgruppe fressen Humus in schon weiter fortgeschrittenem Zersetzungsgrad, wobei sie – je tiefer ihre Gänge reichen – immer größere Anteile an Mineralteilchen mit aufnehmen. Die besondere Bedeutung dieser „Erdfresser" besteht darin, daß in ihrem Darm die organischen Humusteilchen mit den anorganischen Mineralteilchen verkittet und mit dem Kot als organo-mineralische Komplexe (Ton-Humus-Komplexe) ausgeschieden werden. Je größer der Anteil solcher Komplexe im Boden ist, desto besser ist dessen „Krümelstruktur" und desto größer seine Fruchtbarkeit. Denn die Ton-Humus-Komplexe enthalten in optimaler Weise Bodenluft, Bodenwasser und Pflanzennährstoffe. Die Produktion an Regenwurmkot ist enorm. Schon CHARLES DARWIN berechnete vor mehr als 100 Jahren die Masse des Regenwurmkotes in guten Böden auf 25 Tonnen (25 000 kg) pro Hektar und Jahr, eine Berechnung, die in neuerer Zeit mehrfach, auch für unsere Wälder, bestätigt wurde. Sie besagt, daß (bei 450 kg Regenwürmern pro Hektar, s. o.), ein Regenwurm mehr als das 50fache seines Gewichts an Kot produziert.

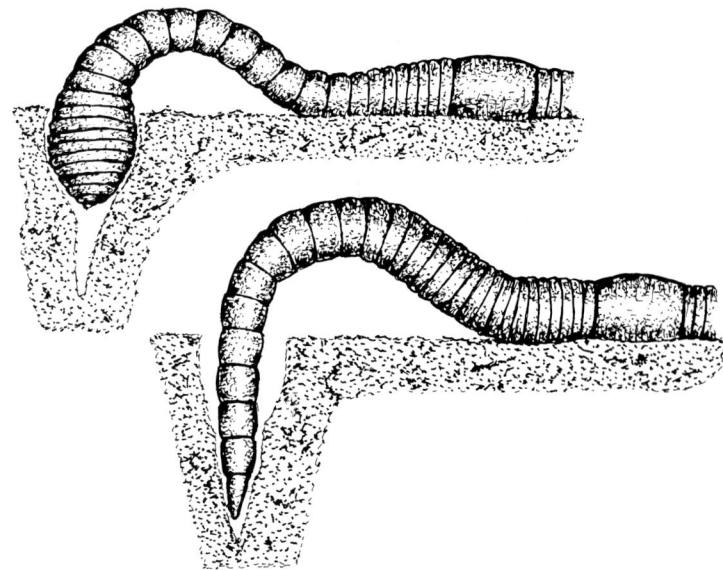

Abb. 84 Technik des Regenwurms beim Erweitern eines Erdspalts
(nach TOPP veränd.)

Schließlich sei das Röhrensystem der Regenwürmer im Waldboden nicht vergessen, das bis zu 3 m Tiefe reichen kann. Es bewirkt eine gründliche Auflockerung und Durchlüftung des Bodens, die in ihrer bodenbiologischen Bedeutung nicht hoch genug veranschlagt werden kann. Mit Hilfe ihrer veränderlichen Körperdicke haben dabei die Regenwürmer eine „Sprengtechnik" entwickelt (Abb. 84), die es ihnen ermöglicht, auch enge Risse in dichten Böden zu erweitern.

IV. Das Wald-Ökosystem

Es wird als selbstverständlich hingenommen, ist aber doch eigentlich unbegreiflich: Die verwirrende Vielfalt alles bisher Betrachteten fügt sich zu einem harmonisch geordneten Ganzen zusammen: Zum Ökosystem Wald, das – sofern der Mensch nicht störend eingreift – sich nach innen und außen im Gleichgewicht befindet und selbst erhält. Wie kommt dieses Gleichgewicht zustande? Wodurch wird es vom Menschen gestört, und was sind die Folgen? Und was muß der Mensch tun, um die Existenz des Waldes und damit zugleich seine eigene Existenz zu sichern? Diesen Fragen soll in den folgenden Kapiteln nachgegangen werden.

24. „Daher geht nichts ganz zugrunde …"

Energiefluß und Stoffkreisläufe

Wir haben bisher den Wald immer stofflich betrachtet, als ein Gebilde aus lebenden und abgestorbenen organischen Substanzen. Doch können wir ihn mit der gleichen Berechtigung auch energetisch, nach der in seinen Stoffen enthaltenen Energie charakterisieren. Das Ökosystem setzt sich aus Lebewesen zusammen, und jedes Lebewesen gleicht im Prinzip einer Maschine, deren Teile Arbeit leisten, nämlich: sich bewegen, Stoffe transportieren, andere Stoffe auf- und abbauen u. a.

Um Arbeit leisten zu können, ist aber Energie notwendig, die von den Lebewesen aus der Nahrung (von der Maschine aus dem Treibstoff) gewonnen wird. In den Nahrungsstoffen ist die Energie chemisch festgelegt. Sie wird bei der Verdauung (= Spaltung von Stoffen) freigesetzt und von den Lebewesen für ihre mannigfaltigen inneren und äußeren Funktionen verbraucht. Je nachdem, ob dabei die Energie für mechanische, thermische, elektrische u. a. Arbeit gebraucht wird, hat man entsprechende Meßeinheiten geschaffen, z. B. für die elektrische Energie (die auch im Lebewesen verbraucht wird, etwa für die Nervenfunktionen) das Watt oder für die Wärme-Energie die Kalorie. Letztere ist bei unserer Ökosystem-Betrachtung die maßgebende Energie-Einheit. 1 Kilo-Kalorie (kcal) ist jene Wärmemenge, die nötig ist, um 1 Liter Wasser um 1 °C zu erwärmen.

Die gesamte Energie im Ökosystem stammt letztlich von der Sonne. Bei der Photosynthese wird von den grünen Pflanzen Strahlungsenergie der Sonne eingefangen und in der produzierten Pflanzenmasse als chemische Energie gespeichert. Von der Pflanzenmasse geht nun die Energie über die Nahrungsketten (s. u.) durch alle Lebewesen des Ökosystems, wobei sie – weil ein Teil als Wärme ungenutzt verlorengeht – immer mehr abnimmt und schließlich verschwindet. Damit steht sie im Gegensatz zu den gleichzeitig über die Nahrungsketten weitergegebenen Stoffen: Wie bereits mehrfach erwähnt, besteht im Ökosystem zwischen Erzeugern, Verbrauchern, Zersetzern und wieder Erzeugern ein Kreislauf der Stoffe. Die in diesen Stoffen enthaltene Energie macht den Kreislauf aber nicht mit: Sie bewegt

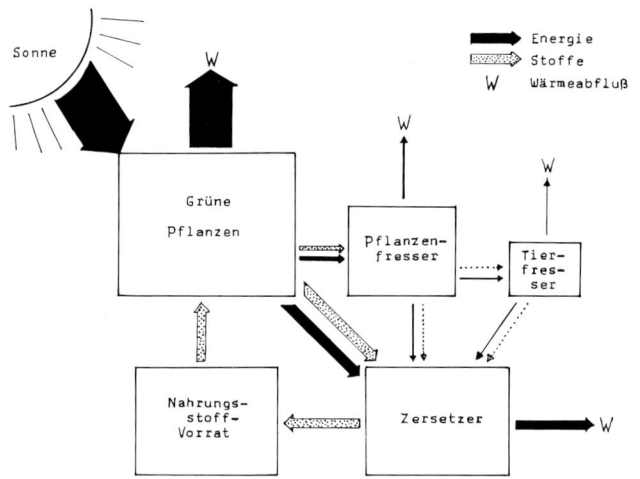

Abb. 85 Schema des Energieflusses und des Stoffkreislaufs im Wald
(nach SCHRÖDER veränd.)

sich auf einer Einbahnstraße durch das Ökosystem. Die
Abb. 85 versucht beide gekoppelten Vorgänge, den
Energiefluß und den Stoffkreislauf, vereinfacht schema-
tisch darzustellen.

Der Abb. 85 ist hinzuzufügen, daß nur rund 50 % der
eingestrahlten Sonnenenergie, das sind in unseren Breiten 1500 kcal pro Quadratmeter pro Tag, von den
Pflanzen aufgenommen werden; die andere Hälfte verschluckt die Atmosphäre. Von diesen 1500 kcal werden
lediglich 2,4 % in die organische Substanz eingebracht
(Bruttoprimärproduktion), wovon die Hälfte von den

Pflanzen gleich wieder veratmet wird. Die übrig bleibenden 1,2 %, also 18 kcal/qm/Tag, bilden die Nettoprimärproduktion. Bei einem Umrechnungsverhältnis von 4 kcal = 1 g trockene Pflanzenmasse, beträgt die Nettoprimärproduktion rund 16 500 kg/ha/Jahr. Davon gehen knapp 10 % = 1500 kg/ha/Jahr in die Nahrungskette ein, während über 90 % = 15 000 kg/ha/Jahr als Zuwachs (Nettoendproduktion) verbleiben. Wie im Kap. 20 dargestellt, halten im reifen Wald jährlicher Zuwachs und Abfall einander die Waage, so daß also jährlich 15 000 kg abgestorbene Pflanzensubstanz den Zersetzern zugeführt werden.

Soeben war von Nahrungsketten die Rede. Betrachtet man den Stoffkreislauf im Wald in bezug auf die Ernährung der Lebewesen, kann man zwei Nahrungsketten unterscheiden: eine Weide- und eine Zersetzer-Kette. Die Hauptglieder der Weidekette sind: Pflanzen – Pflanzenfresser – Räuber, jene der Zersetzerkette: tote organische Substanz – Erstzersetzer – Folgezersetzer. Die Dinge komplizieren sich durch das Auftreten nachgeordneter Räuber und Parasiten (größere Räuber erbeuten kleinere, Parasiten schmarotzen bei anderen Parasiten) sowie durch den Eingriff von Räubern und Parasiten in die Zersetzerkette. Mit jedem Schritt in der Nahrungskette geht Energie als Wärme verloren, so daß die für ein Lebewesen verfügbare Energie um so größer ist, je näher es dem Anfang der Kette steht.

Der in Abb. 85 dargestellte Stoffkreislauf als Ganzes besteht bei näherer Betrachtung aus einer Reihe von Teilkreisläufen. Unter den etwa 40 lebensnotwendigen Elementen und einfachen chemischen Verbindungen

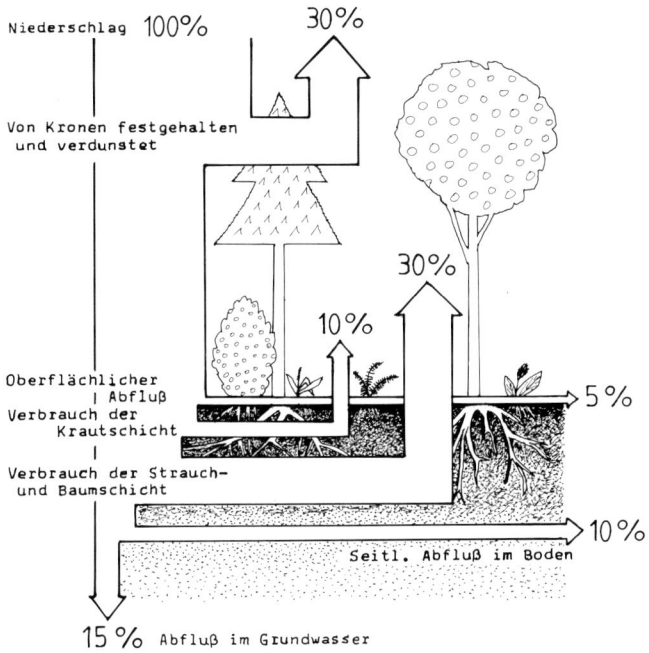

Niederschlag 100%

30%

Von Kronen festgehalten
und verdunstet

30%

10%

Oberflächlicher
| Abfluß
Verbrauch der
Krautschicht

5%

Verbrauch der Strauch-
und Baumschicht

10%

Seitl. Abfluß im Boden

15% Abfluß im Grundwasser

Abb. 86 Schema des Wasserhaushalts eines Waldes

(nach RODE/WASILJEW veränd.)

müssen von den Organismen das Wasser sowie der
Kohlen-, Stick-, Sauer- und Wasserstoff in größeren
Mengen, die anderen Stoffe dagegen nur in kleineren
Mengen oder Spuren aufgenommen werden. Nach dem
Zustand der Stoffe läßt sich zwischen einem gasförmi-
gen Typ (Wasser, Sauerstoff, Kohlendioxid u. a.) und
einem festen oder Ablagerungstyp (Kalium, Natrium,

169

Phosphor, Eisen u. a.) des Stoffkreislaufs unterscheiden. Es würde hier zu weit führen, die Kreisläufe auch nur der wichtigsten Stoffe näher zu betrachten. Nur ein einziger, allerdings besonders wichtiger Kreislauf sei als Beispiel herausgegriffen, der des Wassers. Er gehört zusammen mit jenen des Sauerstoffs und Kohlenstoffs zu den Kreisläufen, die über das Ökosystem hinausgehen und in globale, also letztlich erdumspannende Stoffkreisläufe einbezogen sind. Deshalb kann man nicht vom Wasserkreislauf, sondern nur vom Wasserhaushalt des Waldes (Abb. 86) sprechen.

Wie wichtig Wasser für die Lebewesen ist, geht allein daraus hervor, daß $2/3$ bis $3/4$ ihres Körpers aus Wasser besteht und daß die Pflanzen zum Aufbau von 1 g Trockensubstanz einen halben Liter Wasser benötigen. Wie die Abb. 86 schematisch wiedergibt, werden in einem Fichtenwald rund 30 % der Niederschläge gleich von den Kronen als Wasserdampf an die Luft zurückgegeben. Von den 70 %, die in das Waldökosystem gelangen, nehmen die Bodenpflanzen 10 %, die Sträucher und Bäume 30 % auf. Die restlichen 30 % fließen oberflächlich oder im Boden ungenutzt ab.

Das Wesen der Stoffkreisläufe hat bereits vor mehr als 2000 Jahren der Römer LUCRETIUS in seinem Werk „De rerum naturae" (Über die Natur) in folgendem Vers zusammengefaßt:

„Daher geht nichts ganz zugrunde,
auch wenn es dem Blick so erscheint,
weil die Natur alle Stoffe von neuem verwendet
und immer Neues erst schaffen kann,
wenn das Alte im Tode zerfallen."

25. Kampf ums Dasein

Art- und Systemgleichgewicht

„Leben ist die schönste Erfindung der Natur, und der Tod ist ihr Mittel, um Leben zu erhalten." Dieser Satz von GOETHE dringt zum Wesenskern des Ökosystems vor, das nur dadurch existieren kann, daß jede seiner vielen tausend Organismenarten einen hohen Geburtenüberschuß erzeugt und diesen im „Kampf ums Dasein" den feindlichen Umweltfaktoren wie Kälte und Hitze, Konkurrenz und Hunger, Räuber, Parasiten und Krankheiten opfert. Bezeichnet man insgesamt die den Geburtenüberschuß fördernden Kräfte als Vermehrung (V) und die ihm entgegenwirkenden Kräfte als Sterblichkeit (S), so ist die Existenz einer Organismenart im Ökosystem gesichert, wenn beide Kräftegruppen sich die Waage halten (V = S). Die Gültigkeit dieser Gleichung, die man als Artgleichgewicht bezeichnet, ist leicht einzusehen. Denn wenn die Vermehrung einer Organismenart ständig größer wäre als ihre Sterblichkeit, käme es zu einer Bevölkerungsexplosion, die zu ihrem Aussterben durch Hunger führen würde. Wäre dagegen die Sterblichkeit ständig größer als die Vermehrung, würde die Art schnell aus dem Ökosystem verschwinden.

Jeder Umweltfaktor, der auf eine Organismenart einwirkt, ist für deren Vermehrung entweder förderlich oder abträglich. Wenn z. B. Raupen bei trockenem Wetter fressen, werden sie weniger von Pilzkrankheiten befallen als bei feuchtem Wetter, wodurch ihre Sterblichkeit sinkt und ihre Vermehrung zunimmt. Da die Witterung wie auch alle anderen Umweltfaktoren dauernden Schwankungen unterliegen, schwankt auch das Artgleichgewicht ständig. Es ist eine bewegliche Balance, deren Gleichung $V = S$ nur im langjährigen Durchschnitt erfüllt wird.

Wenn aber in einen Ökosystem viele tausend Pflanzen-, Tier- und Mikroorganismenarten sich jeweils mit ihrer Umwelt im Gleichgewicht befinden, so bedeutet das zugleich, daß sie mit den Gleichgewichten vieler anderer Organismenarten, zu denen sie als Räuber, Beute, Parasit oder Wirt in Beziehung stehen, gekoppelt sind. Eine Schlupfwespenart kann z. B. ihre Eier in hundert andere Insektenarten legen oder eine Vogelart tausend Insektenarten als Beute haben. Das Artgleichgewicht der Schlupfwespe wäre dann mit hundert und das des Vogels mit tausend anderen Artgleichgewichten verknüpft. Auf diese Weise stehen schließlich im Ökosystem sämtliche Lebewesen direkt oder indirekt zueinander in Beziehung, oder man kann auch sagen: Alle Artgleichgewichte sind verknüpft zum übergeordneten Ökosystem-Gleichgewicht, auch kurz ökologisches Gleichgewicht genannt.

Ein Netz, in welchem alle Artgleichgewichte verknüpft sind, muß um so stabiler sein, je engmaschiger es ist, d. h., je mehr Artgleichgewichte darin verknüpft sind. Denn viele Arten von Räubern und Parasiten können die Raupen, Käfer oder Mäuse wirkungsvoller in Schach halten als wenige Arten. Es genügt nicht, wenn nur wenige Räuber und Parasitenarten, diese aber mit hohen Individuenzahlen vorhanden sind, sondern es

172

kommt darauf an, daß die Feinde der Pflanzenfresser möglichst viele ökologische Nischen (S. 43) besetzen, die zeitlich und örtlich zu den Nischen der Pflanzenfresser in Beziehung stehen. Es ist nun leicht einzusehen, daß der Reichtum an Nischen im Ökosystem mit der Zahl der Pflanzenarten wächst. Ein an Pflanzenarten reicher Wald beherbergt stets mehr Tierarten als ein an Pflanzenarten ärmerer. Das ist auch schon durch zahlreiche Vergleichsuntersuchungen über den Tierarten-Bestand in vegetationsreichen und -armen Wäldern nachgewiesen worden. Als man beispielsweise die Vogelarten in verschiedenen mitteleuropäischen Waldtypen verglich, wurden in einem reinen Fichtenwald 9, in einem benachbarten Fichten-Laubholz-Mischwald dagegen 24 Vogelarten festgestellt.

26. Liegt der Wald im Sterben?

Schädliche Eingriffe des Menschen

Der Wandel des Waldbildes im größten Teil Europas in den vergangenen Jahrhunderten läßt sich an den Ortsnamen ablesen: Mehr als 6 000 deutsche Ortsnamen gehen auf Laubbäume, weniger als 800 auf Nadelbäume zurück. Dagegen bestehen heute in der Bundesrepublik Deutschland die auf ein Drittel der Landesfläche zurückgegangenen Wälder zu rund 30 % aus Laub- und zu 70 % aus Nadelbäumen. Der Mensch hat also die Wälder „vernadelt".

Die heutigen Reste der ehemals flächendeckenden Laubmischwälder zeigen, wie ein natürlicher Wald aussieht (Abb. 87). Seine artenreiche, in mehreren Stockwerken angeordnete Vegetation beherbergt eine Fülle von Lebewesen, erzeugt einen fruchtbaren Boden und besitzt ein stabiles ökologisches Gleichgewicht. Vor allem wegen ihrer guten Böden wurden diese Wälder gerodet und zu Äckern und Wiesen umgewandelt. Nur die (vom Muttergestein her) auf ärmeren Böden wachsenden Waldbestände, in denen meist Nadelhölzer dominieren, ließ man bestehen. Doch damit nicht genug: Auch sie wurden noch zwecks rascher Gewinnung von Holz in reine Fichten- und Kiefernforste (Monokulturen) verwandelt (Abb. 88). Während in einem gestuften Mischwald nur einzelne Bäume geerntet werden, wobei der Wald als Ganzes dauernd bestehen bleibt (Dauerwaldwirtschaft), werden die Monokulturen im „hiebsreifen" Alter bis auf den letzten Baum gefällt und die Kahlschlagflächen mit neuen Bäumen bepflanzt (Kahlschlagwirtschaft). Die Folgen dieser „Monokultur-Wirtschaft" sind, ökologisch und wirtschaftlich betrachtet, katastrophal.

Entsprechend der extremen Armut an ökologischen Nischen ist die Zahl an Organismenarten in diesen Wäldern sehr gering. Das Netz des ökologischen Gleichgewichtes ist sehr grobmaschig und an vielen Stellen zerrissen. Daher können Raupen, Borkenkäfer und andere Pflanzenfresser oft in riesigen Mengen auftreten, denn es fehlt an räuberischen und parasitischen Feinden, von denen sie in Schach gehalten werden könnten. In den letzten zwei Jahrhunderten sind unzählige verheerende Insekten-Massenvermehrungen über unsere Wälder hinweggegangen (Abb. 89, 90). Da der Mensch die natürlichen Regulationsfaktoren aus diesen Wäldern entfernte, mußte er notgedrungen selbst ihre Rolle übernehmen, und er tat das mit Bekämpfungsmaßnahmen, die bis in die jüngste Zeit hinein hauptsächlich in Anwendungen chemischer Schädlingsgifte (Pestizide) bestanden. Damit wurde aber der Teufel mit Beelzebub ausgetrieben, denn die Pestizide vernichteten zugleich den größten Teil der nützlichen Spinnen- und Insektenfauna, wodurch die Schädlingsanfälligkeit der Wälder sich nur noch erhöhte.

Kommt nun zu dieser strukturbedingten Abwehrschwäche der Monokultur-Wälder noch eine Trocken-Wärme-Periode hinzu, wie sie in unseren Breiten zwischen Frühjahr und Herbst nicht selten ist, so gewinnen die Schädlinge vollends die Überhand. Nicht umsonst lautet ein altbekannter Spruch „Trockenjahre sind Insektenjahre". Durch Trockenheit werden einerseits die Ernährungsbedingungen der Raupen verbessert, weil sich der Zuckergehalt in den Blättern und Nadeln erhöht, und andererseits der Saftdruck in den Laubbäumen sowie der Harzdruck in den Nadelbäumen verringert, was eine Ausschaltung von zwei der wichtigsten Abwehrkräfte der Bäume gegen Schädlinge bedeutet. Berücksichtigt man nunmehr noch, daß Trockenheit auch die Insektenkrankheiten (vor allem Bakteriosen und Pilzkrankheiten) zurückdrängt und daß die mit der Trockenheit meist verbundene Wärme die Entwicklung der Schadinsekten beschleunigt, so ergibt sich alles in allem der Vorgang einer explosionsartig anschwellen-

Abb. 87 Gestufter Laubmischwald

Abb. 88 Fichtenwald-Monokultur

Abb. 89 Von Larven der Kiefernblattwespe *Diprion pini* kahlgefressener Kiefernbestand bei Nürnberg

Abb. 90 Anhäufung von Blattwespen-(*Diprion pini*-)Larven an einem kahlgefressenen Baum

den Massenvermehrung der Schädlinge mit ihren verheerenden Auswirkungen für die Wälder (Abb. 89, 90). Jedoch nicht nur gegen Insektenvermehrungen sind Monokulturen besonders empfindlich, sondern auch gegen unbelebte Umweltfaktoren. Brände, Sturm und Schneedruck (Abb. 14) verursachen in ihnen weitaus stärkere Schäden als in gestuften Mischwaldbeständen. So bedrückend die soeben umrissene Situation eines großen Teils unserer Wälder auch ist, wird sie doch noch überschattet von einem etwa 1980 plötzlich aufgetauchten, noch weit umfassenderen Waldschadensproblem, dem sogenannten Waldsterben. Seit dieser Zeit werden in weiten Teilen Europas in allen Waldtypen Laub- und Nadelverfärbungen und -abwürfe festgestellt, die zur Verlichtung von Kronen und in besonders schweren Fällen zum Absterben von Bäumen führen.

Die von vielen Seiten durchgeführten, intensiven Untersuchungen konnten bis heute keine Klarheit über die Ursachen dieser Schäden erbringen, so daß hierüber zahlreiche Hypothesen (Bodenversauerung, Trockenheit, Frostschocks, Viren u. a.) entstanden, die zum Gegenstand oft hitziger – auch politischer – Debatten wurden.

In jüngster Zeit ist jedoch eine Hinwendung zu nüchternerer Betrachtung unverkennbar. Man verzichtet zunehmend auf den dramatisierenden, den Realitäten nicht gerecht werdenden Ausdruck Waldsterben und ersetzt ihn durch Walderkrankung. Und man erkennt immer mehr, daß mit einfachen Ursachen-Erklärungen einem so komplexen Ökosystem wie dem Wald nicht beizukommen ist. Die fruchtlosen Entweder-Oder-Debatten weichen einer synthetischen Betrachtung, die mehrere Hypothesen miteinander verbindet, indem sie ein Zusammenwirken von disponierenden, auslösenden und begleitenden Stressoren (Streß-Faktoren) annimmt. Disponierende Stressoren, zu denen langfristige Luftverunreinigungen gehören, schwächen die Widerstandskraft der Bäume. Treten nun auslösende Stressoren hinzu wie starke Trockenheit oder Frost, kommt es zu sichtbaren Schäden. Hinzu kommen dann noch begleitende Stressoren wie Pilzerkrankungen oder tierische Schädlinge. In ein solches Konzept lassen sich zwanglos die wichtigsten bisherigen Hypothesen einordnen.

Nach den derzeitigen Erkenntnissen scheinen die zwei wichtigsten Stressoren für die Walderkrankung zu sein: der in den letzten Jahrzehnten besonders durch Kraftfahrzeuge rapide angestiegene Luftschadstoff-Pegel in Verbindung mit den Nachwirkungen des in seiner Art einmaligen Trockenjahrzehnts 1970−80 mit der „Jahrhunderttrockenheit" 1976. Wohl können wir hoffen, daß unsere Wälder sich in den kommenden Jahren unter dem Einfluß normaler Niederschlagsverhältnisse wieder allmählich erholen, doch würde damit die Immissionsbelastung der Bäume sich nur vorübergehend unseren Augen entziehen, um bei erneuter ungünstiger Witterungskonstellation wieder hervorzutreten. Eine Lösung des Problems scheint nur dadurch möglich, daß in unserem übervölkerten Mitteleuropa die Wälder weitgehend und anhaltend von Luftschadstoffen entlastet werden.

27. Homo sapiens

Neue Einstellung zum Wald

Wie alle Lebewesen hat auch der Mensch einen wissenschaftlichen Gattungs- und Artnamen. Er lautet *Homo sapiens*, auf deutsch „Der weise Mensch". Wie wir im vorstehenden Kapitel sahen, hat der Mensch im Hinblick auf seine Umwelt und insbesondere den Wald, bisher seinem Namen keine Ehre gemacht. Aber was nicht ist, kann noch werden. In jüngerer und jüngster Zeit ist die Öffentlichkeit für alle Umweltfragen zunehmend sensibel geworden und macht sich gerade auch über die Zukunft des Waldes Gedanken. Es beginnt eine neue Einstellung des Menschen zum Wald Platz zu greifen, für die es allerhöchste Zeit war. Was ist zu tun, um den Wald zu erhalten und in seiner Lebenskraft zu stärken?

Da steht an erster Stelle die Abkehr von der Monokultur mit Kahlschlagwirtschaft und die Hinwendung zum gestuften Mischwald mit Dauerwaldwirtschaft. Der Weg ist mühsam und zeitraubend. Ein Wald braucht, bis er erwachsen ist, ein Menschenalter, und die Sanierung jahrhundertealter Bodenschäden dauert noch länger. Die Forstwirtschaft hat mit diesem mühevollen Weg begonnen. Näher kann hierauf nicht eingegangen werden. Je weiter man auf diesem Weg vorankommt, desto mehr werden die Schädlinge an Bedeutung verlieren, denn die Waldumwandlung packt das Schädlingsproblem bei dessen Wurzeln im Gegensatz zur bisherigen Schädlingsbekämpfung, die ja nur in einem oberflächlichen Vorgehen gegen Symptome besteht.

Solange allerdings eintönige Monokulturen noch existieren, müssen weiterhin in Notfällen Bekämpfungsmaßnahmen gegen Schädlinge angewandt werden. Aber auch hierbei kann man heute schon weitgehend ökologisch handeln und anstelle der chemischen Pestizide biotechnische und biologische Verfahren anwenden. So stehen heute für die Raupenbekämpfung Häutungshemmstoffe zur Verfügung: sie werden in die Baumkronen gesprüht, von den Raupen mit gefressen und bewir-

Abb. 91 Duftstoff-(Pheromon-)Falle zum Fang von Borkenkäfern

Abb. 92 Grünäsungsfläche für Rot- und Rehwild im Wald

ken, daß diese sich nicht häuten können und absterben. Das ist ein guter Schritt vorwärts, weil von diesem Wirkstoff nur pflanzenfressende Insektenlarven (also sich häutende Stadien) und keine räuberischen und parasitischen Insekten getroffen werden. Dennoch ist dies Mittel noch nicht ideal, da es auch andere pflanzenfressende Larven als die bekämpften mit vernichtet, Glieder des Ökosystems also, die z. B. als Nahrung für andere Tiere ihre Bedeutung haben. Ein anderes Beispiel bilden die Borkenkäfer-Fallen (Abb. 91). In ihnen befinden sich künstlich hergestellte Borkenkäfer-Duftstoffe (Pheromone, Kap. 16), mit denen die Schädlinge angelockt werden.

Während die Häutungshemmstoffe und Duftstoff-Fallen als biotechnische Methoden gezielt gegen bestimmte Schädlinge eingesetzt werden, kann man mit den rein biologischen Methoden des Schutzes und der Ansiedlung von Ameisen, Vögeln und Fledermäusen die Abwehrkraft der Wälder allgemein gegen Schädlinge dauerhaft verstärken. Viele höhlenbrütende Vogel- und Fledermausarten lassen sich bereits durch das Stehenlassen einiger abgestorbener Bäume, in denen Höhlen von selbst oder durch die Tätigkeit von Spechten entstehen, fördern. Aber auch mit künstlichen Höhlen, die auf die speziellen Bedürfnisse der einzelnen Höhlenbrüter zugeschnitten sein müssen, läßt sich der Bestand an diesen Tieren nachhaltig heben.

Eine ökologische Einstellung zu Wald und Wild müssen auch die 600 000 bundesdeutschen Jagdschein-Inhaber gewinnen. So schwer es dem einzelnen Jäger manchmal fallen mag seine Jagdmöglichkeiten zu beschneiden, muß er doch die Wilddichte in Einklang mit der Waldgesundheit bringen. Wie hoch die Wilddichte sein darf, erkennt er am Grad der Wildverbiß- und -schälschäden an den Bäumen. Ein wichtiger Beitrag zur Lösung dieses Problems ist die Anlage von Wildäsungsflächen (Wildäckern) an geschützten Stellen im Wald (Abb. 92). Allerdings kann auch die Bevölkerung zur Minderung der Wildschäden nicht unwesentlich beitragen, indem sie sich im Walde so verhält, daß das Wild möglichst wenig gestört wird.

Auf die notwendige Entlastung der Wälder von Schadstoffen aus der Luft wurde bereits hingewiesen. Die hierfür notwendigen hohen Kosten muß uns der Wald wert sein. Die Zeiten sind vorbei, in denen der Wald als reines Wirtschaftsobjekt sich aus dem Holzverkauf selbst „tragen" mußte. Die ehemals rein ökonomische Forstwirtschaft ist auf dem Weg zur ökologischen Waldwirtschaft, die nicht mehr den wirtschaftlichen Gewinn, sondern die Erhaltung unserer Umwelt und Gesundheit an die erste Stelle setzt.

Schreiten wir zielbewußt und zügig auf diesem Wege fort und beweisen wir – auch und gerade am Beispiel Wald –, daß wir unseren Namen *Homo sapiens* zu Recht besitzen!

Register

187